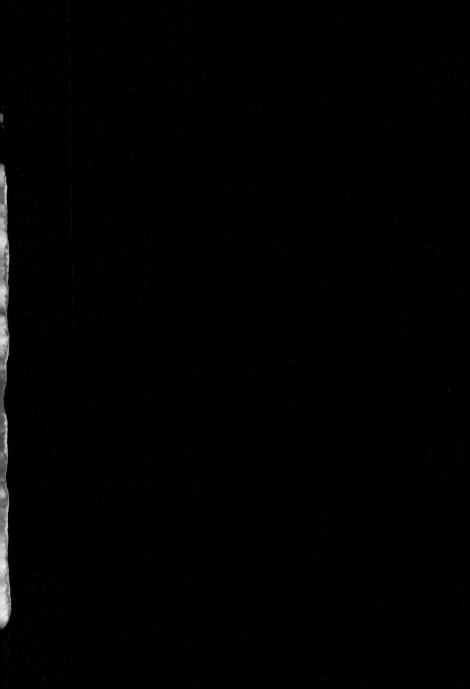

人はなぜ挑み続けるのか？

逆境を乗り越えるための哲学100

PHILOSOPHY FOR SURVIVORS

過去の自分を突き破り
未知なる自分が産声をあげた時
人生という名のカレンダーに
新しい誕生日が刻まれる
バース・デイ

はじめに

夢を抱き、戦いに挑み、過酷な現実に直面した者たち。

私たちが幾多の挑戦者の姿を追い続けて10年が経ちます。


2005年にスタートしたドキュメンタリー番組『バース・デイ』。

その名の由来は、毎年巡ってくる誕生日のことではありません。

〝人生に刻まれた 忘れられない大切な一日〟

挑戦者たちにとって、そんな忘れられない一日を『バース・デイ』と名付け、番組で取り上げる主人公が新しい自分に生まれ変わる瞬間を、私たちは描き続けてきました。

10年で放送した番組は500回を数えます。500の挑戦の数だけ、500通りのドラマがありました。彼らが栄光と歓喜にたどり着くまでには、壮絶な挫折と苦難があったのです。

その節目、節目で、彼らは数多くの言葉をカメラの前で残してきました。挑戦者たちの名言は、取材をする私たちの心を、そして番組を見る人たちの心を、強く揺さぶり続けました。

この書籍は、500回の番組の中から100人の挑戦者たちを選び、彼らの言葉とそこに至る経緯を記したものです。

私たちは、挑戦者たちの思考、経験、言葉から多くのことを学ぶことができます。学生、社会人問わず、一般社会で懸命に戦うすべての挑戦者たちに、この書籍を捧げます。

TBS『バース・デイ』『プロ野球戦力外通告』取材班一同

第1章　自分を磨く20の言葉

第2章　信念を貫く20の言葉

第3章　苦難を超越する20の言葉

第4章　未来を切り拓く20の言葉

第5章　成功を導く20の言葉

この書籍に登場する人物の肩書き・名称などは、番組放送時のものです。

第1章 自分を磨く20の言葉

最初から誰もが成功者だったわけではない。
己を練磨することで、成長を遂げた勇者たち。
その20人の言葉と英知に学び、自分を磨け。

これが最後の
素振りになる。
そう思うと、
バットを
振りながら
涙が出ました。

松井秀喜（元プロ野球選手）

1

PHILOSOPHY FOR SURVIVORS

100

普段、涙が出ることなどない。そんな男も、このときだけは感極まった。

「今日もやるぞ！」

長嶋茂雄は監督を辞める時でさえも、愛弟子に声を掛けた。巨人入団から始まったマンツーマン指導。打者はバットを振って覚えるしかないというのが持論の長嶋が最も重視したのが素振りだった。松井の引退後に思い出を綴った文面にもこうある。〈素振りは自分を見つめることができる。退屈と思える中で心が鍛えられる。松井は素振りによって大きな選手になったと思いますね〉

東京ドームはもちろん、遠征先のホテル、長嶋の自宅でも1時間半以上に渡って繰り広げられることもあった。師匠がいいと言うまで終わらない。まさに「真剣勝負」だった。

松井はその教えを胸に、ひたすらスイングを重ねてきた。長嶋から教わったことは、野球選手として何よりも大きなものだったと振り返る。

「本当に感謝の気持ちしかないです。ジャイアンツで4番を打てたのも、ヤンキースでクリーンナップを打って、7年間もプレーできたのも、メジャーリーグで10年間プレーできたのも、そのことが一番大きな要因だったと思います」

巡り会う運も必要だが、その縁を大切にしてこそ、出会いに恵まれたと言えるのだ。

01年9月30日。これが長嶋との最後の素振りになる。そう思うと寂しさが込み上げ、松井の目から涙が頬を伝った。

世界のトップでプレーできるようになりたい。

錦織圭（プロテニス選手）

2

PHILOSOPHY FOR SURVIVORS

100

錦織はプロ転向以前から、カメラの前ではっきりと右のように宣言していた。

13歳で単身、アメリカに渡ってテニス漬けの毎日を送った錦織。世界のトップになることだけを念じ、そうなれると信じて練習に打ち込んだ。場所はあらゆるスポーツで将来有望な世界中の若者が学ぶ、アメリカ・フロリダ州の「ＩＭＧアカデミー」。アンドレ・アガシ、マリア・シャラポワらも巣立ったトップ選手養成所で1日7時間、来る日も来る日もボールを追いかけた。プロ契約を結んだのは17歳のとき。その約４ヶ月後の08年2月の「デルレイビーチ国際テニス選手権」では世界ランキング２４４位ながら、決勝でランク12位の格上を破ってツアー初優勝。その1年後には56位まで順位を上げた。右肘の疲労骨折で一時はランキングを失ったが、その後は順調に成績を伸ばし、13年には11位まで上昇した。

だが、錦織は壁にぶつかった。トップ10の選手にだけは思うように勝つことができなかった。それを打破するために師事したのが、マイケル・チャンだった。**世界2位まで登りつめたチャンは錦織に、「自分より上位の選手を尊敬しすぎるな」と諭した。相手に敬意を払い過ぎて、自分が勝つ姿を想像できずにいる。**チャンの目にはそう映ったのだろう。チャンのひと言で意識改革できた錦織は、どんな相手にも自分のテニスで勝ちに行くようになり、最高ランキングを4位まで更新。世界のトップに向けて、成長し続けている。

人を引きつけるためには、まず結果を残さないとダメ。

中田翔
（北海道日本ハムファイターズ 野手）

3

PHILOSOPHY FOR SURVIVORS

100

男は何を思って、人の群れを見ていたのか。目の前には、ファンの大きな声援を浴びながら、500人近い報道陣に囲まれた一歳上のルーキー、斎藤佑樹がいた。

3年前、世間の注目は、ホームラン87本という当時の高校生最高記録を引っ提げ、ドラフト1位で北海道日本ハムファイターズに入団した中田翔に集まっていた。

ところが、入団3年でホームランは9本。いつしか「怪物」の称号は消えた。

斎藤と比較されて、どう思うか。こんなストレートな質問に対して中田は、「比べられるのは仕方がないですよ。自分もやってやろうという気になります」と冷静に答えた。悔しさはあったはずだが、それは表に出さず、周囲の大騒ぎを自分のエネルギーに変えていた。**他人の目を変えるためには、まず自分が変わるしかない。**21歳にして、それが分かっていたのだ。

プロ入り3年目のシーズンが終わったとき、中田は覚悟を決めていた。オフに大阪桐蔭高の先輩、西岡剛（現阪神）へ弟子入りして、バッティング・フォームを改造。トレーナーと契約し、下半身を徹底的に鍛えてから、4回目のキャンプに臨んでいた。

キャンプで斎藤と対決した中田は、柵越えを連発。当時の梨田監督は「今までは使っても打てないと思っていた。でも今は使わざるをえない」と高く評価した。このシーズン、中田は一軍のレギュラーを獲得。そして今や、日本代表の主軸にまで成長を遂げた。

マイナスなことばかり考えてもキリがない。

菅野智之（読売巨人軍　投手）

※発言時は野球浪人中

4

PHILOSOPHY FOR SURVIVORS

100

不安が消えないときは、何度も右の言葉を自分に言い聞かせてきたのだろう。5歳の時、母の兄である原辰徳の引退試合を観て感動した菅野智之は野球を始めた。結果を出せば「原の甥だから当然」、ダメなときは「原の甥なのに」という周囲の目に苦しみながらも、伯父と同じく東海大相模高から東海大という道を歩んだ。

皮肉なことに、「原の甥」から「最速157km／hの大学ナンバーワン投手」と形容詞が変わった途端、身辺が騒がしくなった。伯父が監督を務め、子どもの頃から憧れだったジャイアンツへの入団を目指していたが、ドラフト1位のクジを引き当てたのは北海道日本ハムだった。

菅野は入団を断り、1年間、浪人する道を選んだ。ルール上、公式戦はおろか、練習試合にさえ参加できない。パフォーマンスが低下するリスクは避けられない上に、大学の同期はすでにプロで活躍している。焦りがないわけはない。

「目標をひとつずつクリアできれば決してムダにはならない」

菅野は、一人で取り組める筋トレや走り込みといった地道なメニューを増やして肉体を強化した。いまや菅野は巨人投手陣の柱だが、それは、このときの鍛錬があったからに違いない。**マイナス思考からは何も生まれない。恵まれない環境の中でも、自分次第でプラスを積み上げることができる。**

上手いゴルファー
じゃなくて、
強いゴルファー
になりたい。

松山英樹（プロゴルファー）

5
PHILOSOPHY FOR SURVIVORS
100

こんな場面を想像してほしい。ゴルフ界、最高峰のマスターズ。最終日の最終18番ホール。微妙な距離のパッティングが残ったグリーンに上がると、地面が割れるような拍手で迎えられた。このとき固くなって力が出せないタイプと、一層の気合が入るタイプがいる。松山英樹は後者だった。

「あれは絶対に入れなきゃダメだな、という気持ちでいました」

バーディーを決めた19歳の大学生は、日本人初のベストアマチュア選手に輝いた。一躍、その名をとどろかせた松山だが、実は何年ものあいだ、同じ学年の男の陰に隠れていた。石川遼。史上最年少の16歳でプロに転向し、18歳で賞金王に輝いた天才だ。

プロで活躍する石川を横目に、松山は大学でプレーすることを選んだ。プロで通用するために身体を鍛え、徹底的に技術を磨く期間と位置づけた。**冷静に自分の力を分析した男は、「プロ」というグリーンを直接狙わずに、迂回してフェアウェイをキープすることを選んだのだ。**

「自分のゴルフを支えるのはパッティング」。飛距離は石川に及ばない。だから大学に入ると、黙々とパッティングの練習を重ねた。右の言葉は、その頃に語ったものだ。自分がプロで活躍するまでのラインが、はっきりと見えていたのかもしれない。

13年4月、満を持してプロ転向を表明。一年目で賞金王に輝いた。現在はアメリカで活躍する松山は、「強いゴルファー」への道を確実にキープしている。

技を極めるための努力とは、毎日、薄い紙を重ねていくようなもの。

室伏広治
（陸上競技 ハンマー投げ
アテネ五輪金・ロンドン五輪銅メダリスト）

6
PHILOSOPHY FOR SURVIVORS
100

才能を受け継いだというだけで開けるほど容易な道程ではなかった。ハンマー投げで五輪に3度出場し、「アジアの鉄人」とも称された父・重信。その手ほどきを受けて父の持つ日本記録を更新したのは23歳の時だった。以来、室伏の歩みは、そのまま日本のハンマー界の道標となった。

恵まれた体格というのは国内のみでの話。世界の舞台に出れば、体重110kg、120kgという猛者に囲まれ、体重の軽さがネックとなった。その差を埋めるために体の回転速度を上げることに心血を注いだ。来る日も来る日も、増えているのかわからない薄い紙を積み重ねるようなトレーニングを繰り返していった。1日、2日でひとっ飛びできたら、どんなに楽か。しかし、栄光に近道はない。

ましてや高みに登れば登るほど、その先の道は険しくなっていく。同じことをしていては進めないところもある。年齢とともに、肉体も刻々と変化する。だから常に**「変わる勇気」を持って、新たなトレーニングを編み出して、フォーム改造にも取り組んだ。**そうすることで、記録も伸ばしてきた。アテネ五輪で金メダルに輝いて以降、世界大会で6年間も表彰台に立つことができなかった室伏が11年の世界陸上で再び頂点の景色を眺め、12年のロンドン五輪で銅メダルを手にできたのも、極めるための努力を止めなかったからだ。

「きちっと練習した者が、いい成績を残せるというのは変わらない」

進化を求め続け、40歳を越えた今も、その信念に揺らぎはない。

やる気さえ出せば、
いくらでも
変われるし、
能力を上げられる。

工藤公康（横浜ベイスターズ 投手）

7

PHILOSOPHY FOR SURVIVORS

100

歴代1位となる一軍出場29年間で、挙げた勝ち星は224。特筆すべきは、現役生活後半の16年間で、半分近い111勝していることだ。体力は確実に落ちていく。しかし工藤公康は、あたかも重力に逆らうかのように勝ち続けた。

その背景には、右の言葉のような信念があった。30歳を前にトレーニングに目覚めた結果、足も速くなったし、筋力もアップした。**自分次第で人間は変われるのだ。**

もっとも、この変身にはきっかけがあった。23歳の時から2年連続で日本シリーズMVPに輝くなど、華々しい結果を残したことで慢心してしまい、朝まで酒を飲み歩く生活でコンディションを完全に崩してしまったのだ。シーズン4勝と低迷して、周囲から見放されたとき、ようやく目が覚めた。

「この世界、落ち始めたら早い。あっという間だ。常に上がっていかないと」

それからは毎年、トレーナーと個人で契約してマッサージを欠かさず、体のケアに気を配った。また、医師や研究者を訪ね歩いて、体のメカニズムやトレーニング理論を学び続けた。引退後、50歳にして筑波大学大学院に入学し、スポーツ医学を学ぶことを志したのには、こんな理由があったのだ。

人間の可能性を知る男は15年、古巣・ホークスの監督に就任。卓越した理論と指導力でチームを独走させ、就任1年目にして日本一へと導いた。

追い抜かないとレギュラーにはなれない。

小林誠司（読売巨人軍　捕手）

8

PHILOSOPHY FOR SURVIVORS

100

周囲の大きな期待は分かっている。それに応えるための努力も重ねてきた。しかし結果がついてこない…巨人の捕手、小林誠司がもがいている。

これまでのキャリアは順調そのものだった。広島の名門、広陵高で甲子園準優勝。同志社大では大学日本代表。社会人の日本生命ではベストナイン。13年、巨人の捕手としては阿部慎之助以来、13年振りにドラフト1位で指名された。

その阿部の後継者という自覚も充分。配球から、投手へ声をかけるタイミングにいたるまで、じっくり阿部のプレーを観察した。試合後は映像や資料を宿舎でチェックして、すべてのプレーを書き起こした。こうした努力の甲斐もあり、新人捕手としては歴代3位となる63試合に出場し、阿部を上回る盗塁阻止率4割1分7厘をマークした。

結果を残した小林は2年目の15年、開幕戦のマスクをかぶった。不動のレギュラーだった阿部は、打撃に専念するため一塁手にコンバートされた。

しかし、シーズン序盤にチームは低迷。同じく小林個人の成績もふるわない。原監督は「99％ありえない」という開幕前の言葉をひるがえし、阿部を捕手へ復帰させた。

結果が問われる競争社会で、ポジションが向こうから飛びこんでくることはありえない。右のように語る小林は、その厳しさを理解している。**ポジションは自分の力で奪う。それがプロの掟だ。**

もうバリバリ意識していた。負けず嫌いなので。

野口みずき
（陸上競技 女子マラソン アテネ五輪金メダリスト）

9

PHILOSOPHY FOR SURVIVORS

100

ライバルが自分を強くしてくれる。

翌年の北京五輪の代表選考レースでもある、07年11月の東京国際女子マラソン。前回のアテネ五輪で金メダルを獲得したとはいえ、左足の怪我で大会を2度欠場し、フルマラソンは2年2ヶ月ぶり。野口には不安要素があった。しかも、このレースには野口の前の日本記録保持者で同学年のライバル・渋井陽子も出走。レース2日前の会見ではお互いに視線を合わせないなど、緊迫した空気が漂っていた。

渋井に負けるわけにはいかない。号砲と同時に2人は先頭集団を形成。15㎞過ぎから優勝争いはケニアのコスゲイを含めた3人に絞られた。野口、渋井、ともに一歩も引かない展開がしばらく続く。そして、仕掛けたのは野口だった。29㎞過ぎ、ペースを上げると渋井は追いかけることができずに置き去りにされていった。その後、野口は上り坂の途中36・5㎞過ぎで再びギアチェンジ。コスゲイもついていくことができなかった。野口は東京名物の上り坂がある35㎞から40㎞を史上最速16分56秒の驚異的なタイムで駆け上がって、大会新記録で優勝。果敢なスパートについて「『前に出ろ』と何かが降りてきました」と、マラソンの神様が降臨したのかもしれないと相好を崩したが、渋井がいたことで、いつも以上にハートに火がつき、力が引き出されたことは間違いない。**ライバルは感謝すべき存在なのである。**

俺は勝つまでやりたい。

山本"KID"徳郁
（格闘家）

10

PHILOSOPHY FOR SURVIVORS

100

「山高ければ谷深し」。これは株の世界の格言だが、ＫＩＤの格闘技人生についても同じことが言えるのではないだろうか。

04年にレスリングからプロ格闘家に転向すると、圧倒的なＫＯ続きで世界チャンピオンの座を獲得。自らを「格闘技の神の子」と語るインパクトのある言動で、世間でも有名になった。モデルと結婚して、都内の高級マンションに暮らし、外車が4台。身体ひとつで頂点へ昇りつめたのだった。

ところが練習中に大ケガを負ったことで人生は一変する。懸命なリハビリを重ねて５１２日ぶりに復帰したが、判定負け。その後もなかなか勝てず、かつての圧倒的な強さは、影をひそめてしまった。同時に私生活も暗転。離婚して、子どもと離れ、東京の下町のアパートで自炊の日々。外車はすべて手放した。

それでもＫＩＤは戦いを止めなかった。出場していた世界的な格闘技大会「ＵＦＣ」でも連敗し、契約解除がちらついていたとき、ＫＩＤは右の言葉を口にした。

その後もヘルニアのために右手の握力が極端に落ちたこともあったが、それでも復活した。ＫＩＤを支えているのは、抜群の格闘センスでも、富や名声でもない。勝つことへのあくなき執念だった。**本当に自分を支えてくれるものは何か。谷底にいても、それを自分で分かっていれば、また這い上がり、山を登りはじめることができる。**

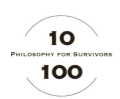

その場に
居たかった。
その気持ちは、
見る前よりも
見た後の方が強い。

細貝萌（プロサッカー選手）

11

PHILOSOPHY FOR SURVIVORS

100

敗戦を告げるホイッスルが鳴り響くと、細貝は消化しきれていない感情を吐き出すかのようにフーッと息をついた。

14年6月15日、W杯ブラジル大会の日本代表の初戦となったコートジボワール戦。細貝は複雑な思いを胸に、テレビの中で躍動する仲間たちに視線を走らせていた。10年8月にザッケローニが監督に就任すると、的確な判断で相手の攻撃の芽を摘む「危機回避能力」を高く評価され、その初陣で代表初招集。以降、14年3月までの50試合中44試合で必要とされた。本大会でのメンバー入りも有力視されていた。しかし、5月12日のメンバー発表で名前は呼ばれなかった。指揮官は試合の主導権を握りたいという理由から、最後の枠に攻撃的な選手を入れることを決断。守備的な選手である細貝は選から漏れた。その辛さは1ヶ月が経っても収まらなかった。

試合が始まり、08年北京五輪でともに戦った、同い年の本田圭佑が先制ゴールを決めても軽く表情が緩むだけだった。しかし、失点シーンには大きく反応した。同点弾を入れられると歯痒さを隠さず、逆転ゴールを奪われると「また同じ（パターンの失点）だもん」と我が事のように悔しがった。試合後の右のコメントは憧れのピッチに立てなかった口惜しさだけでなく、「自分がいれば防げた」との自負も込められていたように聞こえた。

細貝は2日後に1人で練習を再開。自らを信じ、次のW杯ロシア大会に向けて走り出した。

俺はお前の噛ませ犬じゃない。

長州力（プロレスラー）

12

PHILOSOPHY FOR SURVIVORS

100

「エリート」対「雑草」という構図は珍しくない。だが、エリートが「雑草」に逆転されたらどうなるのか。しかも、そのエリートが、自分を抜いてスターとなった「雑草」に反旗をひるがえしたとしたら。

「エリート」は長州力。レスリングでミュンヘン五輪に出場という輝かしい実績を引っ提げてプロレス界へやってきた。「雑草」は16歳で入門した藤波辰爾。4年も後輩の長州がきたとき、自分とは「別扱いだった」と感じていた。

ところが先にスターになったのは、アメリカでの活躍が認められた藤波だった。まさかの逆転劇。しばらく格下扱いを耐えてきたエリート長州だったが、ついに不満が爆発。リング上で右の言葉を叫んだ。

プロレスを、身体の潰し合い、本当のケンカだと思って観ている人はいないだろう。しかし感情の対立はリアルだ。

「ライバルとか、切磋琢磨というカッコいい言葉じゃない。彼が潰れるか、俺が潰れるか」

長州は当時の思いを、こう表現した。「男の嫉妬ほど醜いものはない」という。しかし2人は、嫉妬というマイナスの感情を30年以上にわたってエネルギー源としてきた。**マイナスだろうが何だろうが構わない。それを昇華させた人間は強い。**

この悔しさを
ステップにして、
また上に行けばいい。
絶対に妥協しない。
負けない。

中村俊輔（プロサッカー選手）

13

PHILOSOPHY FOR SURVIVORS

100

中村俊輔は知っている。**失意のどん底にたたき落されたとき、その人間の真価が問われる**ことを。02年、サッカーW杯代表から落選した直後、中村は右の言葉をノートに書き残した。

振り返れば少年の頃にも似た思いをした。横浜マリノスのジュニアユースからユースチームへの昇格を拒まれたのだ。中村は桐光学園高に進み、高校選手権準優勝。するとマリノスから今度は請われて、トップチームへ入団している。

02年の代表落選後、中村は海を渡った。イタリア・セリエA、レッジーナへ移籍。3年間、プレーした後、欧州各国のトップクラブが激突するチャンピオンズ・リーグへの出場を求めて、スコットランド・リーグの強豪、セルティックへ移る。

「一試合、一試合、集中して課題をみつける。それがW杯につながる」

チームがリーグ優勝を決めた直後、ノートに記した言葉だ。消化試合すら、自らの糧にする。代表落選の悔しさが、妥協することを許さなかった。その努力が実り、06年にジーコ・ジャパンの一員として、念願のW杯に出場した。

スペインを経て横浜へ復帰してからも、妥協しない姿勢は変わらない。13年に2度目となるJリーグMVPを獲得。史上最年長の35歳だった。最初は13年前、史上最年少の22歳のとき。複数回MVPに輝いた選手は、中村以外にいない。

この一番、この一番という気持ちでやってきただけ。

北の湖敏満
（日本相撲協会理事長 第55代横綱）

14

PHILOSOPHY FOR SURVIVORS

100

組織が危機に直面したとき、問われるのはトップの姿勢だ。15年11月、理事長在職中に62歳で亡くなった日本相撲協会北の湖理事長の姿が、それを教えてくれる。

現役時代は、21歳2ヶ月の歴代最年少で横綱に昇進し、優勝24回、歴代4位の通算951勝を挙げた昭和史に残る大横綱。右の言葉は現役時代の心境を語ったものだ。

現役力士のときからトップとして重責を担ってきた。だからこそ両国国技館のこけら落としとなる場所に、ケガをおして出場。その無理がたたって2連敗すると、いさぎよく引退届を提出した。「肩の荷がおりた感じです。悔いはありません」。ところが理事長に就任すると、現役のときより、さらに重い責任を担うことになった。若手力士暴行死事件、そして八百長問題と、たてつづけに大問題が起こったのだ。それでも北の湖氏は現役時代と同じように、「この一番、この一番」という気持ちで、角界を揺るがした危機に立ち向かった。

そのストレスが災いしたのだろう。騒動の最中、直腸がんに襲われた。それでも亡くなる直前まで、理事長としての務めをまっとうした。最期の場所となった九州場所では、歩くのも不自由になっており、人目につかないところでは車椅子に乗っていたという。

いま相撲人気は回復しているが、その陰には、**危機にあって逃げず、自らの命を捧げたトップがいたことを忘れるわけにはいかない。**

世界一になれる足で生まれていたら、世界一になりたいと思わないかもしれない。

為末大
（陸上競技 400mハードル選手）

15

PHILOSOPHY FOR SURVIVORS

100

あ りきたりな成功では達成感は得られないのかもしれない。身長170cm。ストライドの長さ、腰の位置の低さなど、ハードラーとしては不利とされる小柄な体にも関わらず、為末は01年、世界陸上エドモントン大会400mハードルで日本男子トラック種目初となる銅メダルを獲得。さらに05年のヘルシンキ大会でも二大会連続で銅メダルに輝いた。

ジュニア時代から脚光を浴び続けてきたが、現状に満足することなく、人生を懸けて陸上に臨んできた。03年に大阪ガスを退社。安定を捨ててプロとなったのも、よりハングリーな環境で練習に打ち込みたかったからだ。

自分が愛した陸上競技をメジャースポーツにしたい。初めて出場した世界大会のシドニー五輪で競技場に10万近い人が押し寄せたことに心が震えた。しかし、その後の日本選手権の観客は1000人足らず。落ち込むしかなかった。1人の力でどうこうできるような容易な課題ではない。それでも真っ直ぐな思いから、私財を投げうった。07年5月、世界陸上大阪大会の3ヶ月前に東京・丸の内でストリート陸上を開催。費用はクイズ番組で得た賞金1000万円を充てた。たくさんの人が集まった様子を見て、為末は無垢な笑顔を見せ、最後は涙を堪えながら「陸上競技をお願いします」と訴えた。

挑むことが難しければ、難しいほど、その障害を乗り越えたときの感動も大きい。侍ハードラー、為末の人生がそれを教えてくれる。

必要とされる人間になろう。

鈴木尚広（読売巨人軍　野手）

16

PHILOSOPHY FOR SURVIVORS

100

人呼んで「走塁のスペシャリスト」。簡単に言えば「代走」だ。スピードと走塁テクニック、相手選手のクセを見抜く鋭い観察眼を武器に、プロの世界を19年間も生き抜いてきた。起用されるのは、きまって厳しい状況だ。相手に警戒されるなか、一つでも先の塁を狙う。通算盗塁数218のうち、代走で記録した122(15年シーズン終了現在)はプロ野球記録だ。

「試合の流れを変えて得点するのが、僕に与えられた使命」と、今でこそ自分の役割を受け入れているが、すき好んで代走に甘んじてきたわけではない。目指すは当然、レギュラーだった。

「自分の立ち位置、使われ方。それを否定している自分がいる。そこじゃない、俺が目指すところは」と葛藤はあったが、年を重ねてたどりついた境地が右の言葉だった。

組織の一員である以上、必ずしも希望通りのポジションを得られるとは限らない。いや、不本意な使われ方をされるほうが多いはずだ。誰もが、多かれ少なかれ人事や評価に不満を持っている。でも、そこで腐ったら終わりだ。

鈴木は試合開始の7時間も前に球場へやってきて入念に体をほぐす。試合中は、いつ来るとも知らぬ出番に備えて、体を動かし続ける。

「自分のやるべき仕事を毎日、淡々とこなすことがすごく大事。準備を一日も怠らないことが、プロの仕事だと思っています」

カッコつけても、全然なにもはじまらない。

岡野雅行（プロサッカー選手）

17

PHILOSOPHY FOR SURVIVORS

100

長い髪をふりみだして走る「野人」の姿に日本中が狂喜した。97年にジョホールバルで行われたフランスW杯アジア第三代表決定戦。延長Vゴールで日本を初めてW杯に連れて行ったのは、圧倒的なスピードから生まれた岡野雅行のゴールだった。

その男が、浦和レッズから戦力外通告を受けたのは36歳のときだった。サッカー選手としては潮時だ。しかし岡野は、現役にこだわった。

右の言葉はトライアウトに挑む際、口にしたものだ。プライドが邪魔をするのか、実績のある選手はテスト参加を避けるものだが、岡野はこう言い切った。

「そこまでしてやるのが、俺のプライド」

しかし国内チームからオファーはなく、香港にチャンスを求めたが、そこでもリストラされた。たどりついたのはJ1の下の、さらに下のJFL（現J3）に属する「ガイナーレ鳥取」だった。「目標をもっていられる限りは、続けていきたい」と入団会見で語った岡野は、41歳までプレーしたが、J1に昇格してレッズと対戦するという目標はかなわなかった。

現在、岡野はガイナーレのGMを務めている。スポンサーの接待など、泥くさい営業も苦にしないという。マネジメントという別の分野でも、「野人」岡野は、髪をふりみだして走り続けている。**カッコなんかつけない。それが岡野のプライドなのだ。**

がっついていきたい。

大田泰示（読売巨人軍　野手）

18

PHILOSOPHY FOR SURVIVORS

100

背中の数字が重すぎたのか。背番号55。巨人の歴史に残るホームランバッター、松井秀喜の背番号を受け継いだ男、大田泰示は苦しんでいた。

08年のドラフト1位で入団したとき、大田はこう言った。

「55番は大田だと言われるような選手になりたい」

東海大相模高の先輩でもある監督の原辰徳が、入団直後からマンツーマンでみっちり指導するなど、背番号だけではない期待を一身に感じていた。

それがプロ6年間でホームランは、わずか4本。14年のシーズンからは、55番を奪われて、背番号は44番になった。心機一転して飛躍を狙ったが、シーズンの半分以上は二軍暮らし。しかもこの年、同期入団で、年齢も同じ橋本到が外野のレギュラーを獲得している。橋本はドラフト4位。二人の立場は逆転してしまった。悔しさ、歯がゆさ、もどかしさを誰よりも感じているのは、大田本人だろう。

「いろんな選手がクビになっていくのを目の当たりにしているので、一日一日が勝負だと思います。はい上がっていくだけで、失うものは何もないですし」

危機感を抱く大田がもらしたのが、右の言葉だ。結果がすべて。そのためには**カッコをつけている余裕はない。死にもの狂いで、がっついて、結果を出すしかないのだ。そして、15年、大田は大器の片鱗を見せ始めた。**

9秒台を最初に出したいです。

桐生祥秀（陸上競技 短距離走選手）

19

PHILOSOPHY FOR SURVIVORS

100

淡々とした口調ながら、その言葉には自信がみなぎっていた。

13年4月、17歳にして男子100m予選で10秒01を叩きだした織田記念陸上の大会後の記者会見。桐生は手応えを感じていた。夢の9秒台まで、あと0秒02。98年に伊東浩司が記録した10秒00に次ぐタイムを出した直後は「びっくりしました。まさかこんなタイムが出るとは思わなかったので、まだ気持ちの整理がついていない」と言ってあどけない笑顔を浮かべていたが、会見では「自分の走りができれば10秒0台がいけるというのがわかった」と発言内容を前に進めた。

隣には短距離界のエース山縣亮太が座っていたが、桐生は自らの足で歴史を作りたいと堂々と言い切ったのだ。12年ロンドン大会で、五輪での日本人最速となる10秒07で走った3歳上の先輩に対して敬意を抱いていないわけではない。しかし、やるからには勝ちたい、1番になりたい。**アスリートに限らず、成功したい、なりたい自分を想像することが大切で、それがエネルギーにもなる。**

15年3月29日（日本時間）、そのときがやってきた。アメリカのテキサス州で行われた大会で、桐生はロンドン五輪5位のライアン・ベイリーら実力者を相手にトップでゴールを駆け抜けた。タイムは追い風参考記録ながら、9秒87。公認記録で9秒台を叩き出す日もそう遠くはないだろう。

メンタルさえ折れなければ、絶対にやっていける。

永井秀樹（プロサッカー選手）

20

PHILOSOPHY FOR SURVIVORS

100

Jリーグが開幕した93年から現役を続けている選手が、キング・カズ以外に、もう一人いるのをご存知だろうか。永井秀樹。当時、開幕戦ではサブとしてベンチにいた彼は、44歳になった15年のシーズンも、22年前と同じヴェルディのユニフォームを着ている。

「40歳すぎてサッカーが出来るわけない」と、言われることもあるという。だが永井は、右の言葉のように考えている。

彼を駆りたてるのは、「自分の中では悔しさしかないし、何の満足感もない」という思いだ。

中学、高校では全国優勝。プロとして、年俸1億円を稼いだこともあった。リーグ優勝も、天皇杯優勝も経験した。

しかし、日本代表だけには縁がなかった。

日本中が熱狂した日韓W杯の02年に、永井は戦力外通告を受けた。

それからチームを渡り歩く不遇の日々が続く。Jリーグより下の下の地域リーグでプレーしたこともあった。年俸も大幅に下がった。

それでもサッカーに対する情熱は失わなかった。

「現実的には、今から上（代表）にいくのは無理かもしれないけど、少しでも努力してサッカーを上手くなりたいという思いは、より強くなった」

あのとき、もっと頑張っていれば。誰だってこう後悔することはある。でも、**過ぎた時間を嘆くヒマがあれば、いま自分のいる場所で頑張るほうがいい。**

第2章

信念を貫く20の言葉

高い理想に裏打ちされた信念は、強く美しい。
頑なまでに己を信じ、志を実現させた勇者たち。
その20人の言葉と英知に学び、信念を貫き通せ。

どんどん追求していく。そこに終わりはない。

田中将大
（東北楽天ゴールデンイーグルス 投手）

21
PHILOSOPHY FOR SURVIVORS
100

野球をやっていて、どんなときに面白いと感じるかと問われた田中は「奥深さ」と答えた後、こう言葉を繋いだ。道を究めることの難しさは、進めば、進むほど痛感させられるもの。しかし、このとき田中はまだ19歳。高卒1年目から11勝を挙げて新人王を獲得していたとはいえ、早くから遠い頂きを見据えていた。だから、田中はヤンキースのエースにもなることができたのだ。

駒大苫小牧高時代から脚光を浴び、プロ3年目の09年に15勝して球団初となるクライマックスシリーズ進出に大きく貢献。11年には19勝で最多勝。13年には「神様」稲尾和久が1957年に築き上げたシーズン20連勝を抜き去り、24勝無敗というアンタッチャブル・レコードを樹立。着々と階段を上がってきた。

一方で、何度も屈辱の敗戦を味わってもきた。勝利と敗北。自分を成長させてくれたのは、「間違いなく負けた方」だと言い切る。駒大苫小牧高時代には早稲田実業高の斎藤佑樹の前に苦杯をなめさせられ、プロデビュー戦は2回途中6失点でKO降板。13年の第3回ワールド・ベースボール・クラシックではエースとして期待されながらも結果を残せず、きつく握り締めた拳を震わせた。田中は、その度に強くなってきた。なぜなら自分の可能性を信じ、理想を追い求めることをやめなかったから。そして、それが野球をする一番の楽しみでもあるのだ。

明日は今日よりも成長した自分になれる。そう思えるから、もう一歩、前に歩み出せる。

オレ、マジでサッカー好きなんすよ。

松田直樹（プロサッカー選手）

22

PHILOSOPHY FOR SURVIVORS

100

番組放送からわずか半年後の悲報だった。サッカー元日本代表の松田直樹が練習中、急性心筋梗塞で倒れ、34歳という若さでこの世を去ったのだ。

日韓W杯では、トルシエ・ジャパンの一員として、日本サッカー史上最高のベスト16進出に貢献。Jリーグでは横浜F・マリノス一筋で16年間、プレーした。だが10年11月、キャプテンまで務めたF・マリノスから突如、戦力外通告を受けた。

「本当に頭、まっ白で、どうすればいいのか分からない」と、当時の心境を語った。右の言葉は、F・マリノスの一員として最後の試合の後にファンへ語ったものだ。

「もっとサッカーやりたいので、続けさせてください」と、マリノスのサポーターに筋を通して、当時、J1から2ランク下のカテゴリーに属していたチーム、松本山雅へ移籍した。

「山雅のために自分は気持ちを込めて戦いたい」

もっと条件のいいオファーもあったが、迷った末、こう言って決断した。年俸よりもチームの熱意と、J1に昇格させるという夢に賭けたのだ。松田は純粋にサッカーを愛していた。だから自分を必要としているという松本山雅の純粋な思いに心が動かされた。そんな松田の心は、いまも多くのファンが憶えている。**人間の心を動かすのは、テクニックじゃない。プレーから発散される心の熱さなのだ。**

14年、松本山雅は松田の夢だったクラブ史上初となるJ1昇格を果たした。

スケートは一番、
自信を持てる
自分の居場所
だった。

髙橋大輔
（フィギュアスケート バンクーバー五輪銅メダリスト）

23

PHILOSOPHY FOR SURVIVORS

100

髙橋大輔が初めてシニアの全日本選手権に出場した頃、6000人収容の客席には関係者しかいなかったという。ひと昔前、男子フィギュアは日陰の存在だった。他の大会でも、女子の演技を観た観客が、男子が始まる前に帰ることも珍しくなかったという。

男子をメジャーに押し上げたのが彼だった。バンクーバー五輪の会見で、失敗するリスクの高い4回転ジャンプを回避するのか？　競技の前にこう問われた髙橋はこう答えた。

「男子の醍醐味として4回転をやっていくことが、これからにつながる。僕にとっては必要だと思います」

リスクを冒して4回転ジャンプに挑んだ髙橋は、着氷に失敗して転倒したが、果敢に攻めて日本人男子初となるメダル（銅）を獲得。右ひざの大ケガからの復活劇でもあった。

なぜ髙橋は大きなリスクをとったのか。その理由が右の言葉に隠されている。

実は幼い頃、髙橋は団体スポーツ、団体生活が不得手で、コンプレックスを抱えた子供だった。「学校で気を遣って生活するより（スケートのほうが）ラクだった。他のものが自信なさ過ぎて、その中では一番自信持てるかなって感じでした」。スケートは文字通り、彼にとっての居場所だった。そんな大切な男子フィギュアをメジャーな競技にしたい。だから彼は、身体を張って挑み続けた。

自らが輝ける居場所を見つけ、その場所に日が当たるよう努力を積み重ねる。髙橋が歩んできたこの軌跡から、我々は多くのことを学ぶことができる。

自分の力を信じているから。

アレックス・ラミレス

（プロ野球選手）

※当時は群馬ダイヤモンドペガサスでプレー

24

PHILOSOPHY FOR SURVIVORS

100

初めてのクビ宣告にも落ち込むことはなかった。39歳という年齢を考慮すれば、引退の二文字が頭に浮かんでもおかしくはないが、少しも考えることはなかった。それは「自分はまだ高いレベルでプレーできる」と、信じて疑わなかったからだ。

ヤクルト、巨人、DeNAと13年に渡ってプレーして築き上げた実績は「史上最高の助っ人」の候補に挙がるだけのものがある。本塁打王2回、首位打者1回、打点王4回、最多安打3回。シーズン200安打、王貞治の記録を凌駕した8年連続100打点は彼の誇りだ。9月に戦力外通告を受けた13年の4月には弾丸ライナーのホームランで通算2000安打を決めた。外国人選手史上初のことで、今後も達成者は出てこないだろうとも言われる大快挙だ。

そんな最高峰の技術があり、年齢的な衰えも気にならない。自ら退く理由は見つからなかった。14年は独立リーグの群馬ダイヤモンドペガサスでプレーしながらNPB球団からのオファーを待った。3割を越える打率を残した。しかし、ピッチャーの球に対する反応が鈍っている。そう感じたことで、ユニフォームを脱ぐ決心をした。

NPB復帰はならなかったが、**自分を信じられるうちは、どんな状況になろうが、周りがなんと言おうが諦める必要はない。**ラミレスの力強い言葉は、そう教えてくれている。

いつ終わるか分からないけど、それぐらいの覚悟でやりたい。

栗原恵（プロバレーボール選手）

25
PHILOSOPHY FOR SURVIVORS
100

涙が頬を伝う。12年ロンドン五輪出場への思いを聞かれたときだった。栗原は切なる感情を抑え切ることができなかった。集大成として考えていた舞台を約7ヶ月後に控えた1月。場所は極寒のロシア。熱い気持ちが涙となって溢れ出た。

01年、17歳でデビューして以来、栗原は日本代表に欠かせない存在となった。女子バレー界は前年のシドニー五輪出場を逃して窮地を迎えていたものの、救世主の登場で04年アテネ、08年北京で五輪2大会連続5位。そして、10年の世界バレーで32年ぶりの銅メダル獲得。ロンドン五輪でもメダルが期待されるほど光が差し込んでいた。

しかし、それとは対照的に栗原は暗い陰に包まれていった。11年1月、試合中に左膝軟骨を損傷して手術。リハビリに半年以上の時間を費やし、それまでできていたことができないという苦悩の日々を強いられ、カメラの前で泣くこともあった。それでもロンドン五輪で戦うことが心の支えになった。バレー人生が終わってもいいというほどの覚悟を胸に抱いていた。9月、高いレベルの環境に身を置こうと単身で世界最高峰のロシア・スーパーリーグのチームに移籍。言葉もわからず、控えに甘んじても何かを掴もうと踏ん張った。

だが、ロンドン五輪のメンバー12人の中に栗原の名前はなかった。非情な宣告だった。それでも**「できる限りのことをやっての結果なので。（監督から落選を伝えられた時も）『後悔はありません』とはっきり言えた」と話した栗原に涙はなかった。**

やっぱり、バットを振っていないと不安なんだよ。

初芝清
（千葉ロッテマリーンズ 野手）

26

PHILOSOPHY FOR SURVIVORS

100

上司に「信頼しているぞ」とか、「頼むぞ」なんて言われても、本当はどう思われているのかなんて分からない。**真の評価は勝負の分かれ目ではっきりする。**05年、パ・リーグのプレーオフ最終戦。ロッテのバレンタイン監督は、8回裏、ソフトバンクに1点リードされている場面で、ベテラン初芝を代打に起用した。本当の信頼とは、こういうことだ。

プレーオフの前、38歳の初芝は、ロッテ一筋17年の現役生活から退くことを表明していた。ホームラン20本、打点80以上の成績を残していた全盛期から、力は確実に落ちていた。2年前からレギュラーの座を失い、ベンチを温める時間が長くなった。

それでも初芝は、誰よりも早く球場へ来てバットを振っていた。その理由を問われて、右のように答えた。出番が少なくなっても腐らず、毎日、試合に出るための準備を欠かさない。走り込みの量も若手に引けは取らないし、試合中はベンチで声を出して若い同僚を鼓舞しながら、出番に備えてベンチ裏でバットを振っていた。

そんな姿を監督は見ていた。だからプレーオフで代打に出した。後輩たちも見ていた。だから代えられた若手も、初芝が打席に立つことを納得していただろう。

結果は平凡なサードゴロ。が、相手の野手が交錯する。必死の走塁が内野安打を生んだ。この回、同点のホームを踏んだのは初芝だった。チームの勢いがよみがえった。この年、初芝は31年ぶりの日本一を花道に、現役を引退した。

結果がすべてなので、覚悟は決めています。

一場靖弘（プロ野球選手）

※当時は韓国プロテストを受験中。

27
PHILOSOPHY FOR SURVIVORS
100

「一人の人間、社会人として、生きていけるのかと考えた」

22歳でここまで追い込まれた男がいる。一場靖弘。明治大学のエースとして、完全試合など華々しい成績を残し、04年ドラフトの目玉と言われていた。

しかし、ドラフト前に、複数の球団から現金を受け取っていたことが発覚。プロ3球団のオーナーが辞任する大騒動に発展した。一場も退部して謹慎。プロ入りが危ぶまれたが、この年に創設された楽天が、選手層の薄さもあって一場を指名したため、なんとかプロ野球選手になることができた。

しかし入団の経緯が最後まで尾を引いた。当時、楽天の監督だった野村克也から、気の小ささを再三、指摘されたが、それも裏金騒動で委縮していたからだった。150km の速球は影をひそめ、4年間でたったの15勝。

ヤクルトへトレードされたが、大学時代に活躍した神宮球場のマウンドでも輝きが戻ることはなかった。3年後に戦力外通告。韓国のプロリーグでの現役続行に望みをかけたが、テストで結果を残すことはできなかった。右の言葉は、入団テストの後に語った言葉だ。この時点で気持ちの整理はついていたのかもしれない。**プロの世界に生きるということは、常に覚悟を求められるということ。**8年間の現役生活でその姿勢を身につけた一場は、まぎれもなくプロになっていた。

本当に生き方が
下手くそ。
それは自分でも
わかっている。

古木克明（元プロ野球選手）

28

PHILOSOPHY FOR SURVIVORS

100

プロ野球の元4番が格闘技に挑戦——こんなニュースが世間を騒がせたことがある。挑んだのは古木克明。甲子園を沸かせた松坂大輔と同学年で、ドラフト1位で横浜ベイスターズに入団。入団4年目にはホームラン22本を放つなど、打力は一級品だった。しかし守備では苦戦し、結局は入団8年でオリックスへトレードされるが、2シーズンでクビになってしまう。

野球では不完全燃焼だった。もう一度、陽のあたる場所で。そんな思いで格闘家への道に進んだが、野球への思いは断ち切れなかった。野球なら、当たりの悪いボテボテのゴロでも、ヒットを示すスコアボードのランプがつけば嬉しかった。でも格闘技では相手にクリーンヒットを当てても、心のランプは光らなかったという。

戦力外通告から2年。ブランクがありながらも、古木は再びプロ野球の世界へ挑むことを決めた。このとき右の言葉をつぶやいた。

古木は12球団合同トライアウトを3回受けている。戦力外通告の直後はともかく、格闘技界からの復帰後や、その翌年は、厳しい結果になることは自分でも分かっていたはずだ。現役時代、チャンスになると緊張して結果を出せなかった気持ちの優しい男が、なりふり構わずチャンスを求め、バットを振った。

野球と離れた世界に生きる現在、その経験は無駄になっていない。

強かったよ。
今までいろいろ
言ったことを
詫びたい。

辰吉丈一郎（プロボクサー）

29
PHILOSOPHY FOR SURVIVORS
100

世紀の一戦は、ゴングが鳴る前からヒートアップしていた。WBC世界バンタム級暫定王者の辰吉が「世紀の一戦って、相手アレ（薬師寺）で。笑わしたらあかんて」と挑発すれば、王者の薬師寺保栄も「チャンピオンは僕ですよ。アレ（辰吉）は暫定でしょ」とやり返す。辰吉が「世界チャンピオンにもなって、あの歳にもなって、髪の毛染めるようになったらあきませんわ」と失笑すれば、薬師寺は「車でいったら廃車寸前なくせに」と笑った。2人の舌戦も手伝い、史上初の日本人同士による王座統一戦への注目は日に日に高まっていった。

1年3ヶ月前に患った網膜剥離の影響で引退を懸けて臨んだ辰吉と、常にその陰に隠れる形となり実力を証明したい薬師寺。果たして壮絶な打ち合いを制したのは薬師寺だった。

「お前ら、見たか。どっちが強いか分かったやろ」

そう言うつもりだった。しかし、試合が終わった直後、辰吉に「いろいろ言って、ごめん。ほんま強かった。ありがとう」と詫びられたことで、すべてが許せた。そして、素直に「辰吉君は今まで僕が26戦やった中で一番強い相手だった」と讃えた。

右にある、控室に戻っての辰吉の敗者の弁も実に潔いものだった。もしも薬師寺を認めないような発言をしていたら、世間の評価は大きく下がっていたことだろう。**負けた時、苦しい時にどんな姿を見せられるか。そこで、人間の価値が決まってくる。**

江夏さんを抜こうとしたことは後悔していない。

江川卓（野球解説者）

30

PHILOSOPHY FOR SURVIVORS

100

それは奇想天外な発想だった。江夏豊が71年のオールスターで9連続奪三振の偉業を成し遂げてから13年後。江川は8者連続三振を奪い、〝最後のバッター〟である大石大二郎と対峙していた。そしてストレート2球で追い込んだ瞬間、9個目も「いけるのがわかった」という。次もストレートで押せば、江夏の不滅の記録に並ぶと確信した。しかし、3球目を投げる直前、ある野望が湧き上がる。「江夏超え」。大石を空振りさせ、なおかつパスボールないしワイルドピッチで「振り逃げ」を成立させれば、三振の記録がつく上にもう1人と対戦できる。10個目の三振を取って江夏を抜くことに大きな意義を感じた。そのためにはカーブの方が確率は高い。果たして、江川の智謀の1球は思惑の低めには行かず、大石のバットに弾かれてセカンドへと転がっていった。

それから26年の時を経て、初めてとなる対談で、江川はその経緯を江夏に披露した。だが江夏は、右肩を故障するまでの「初めの5年間は怪物でした」と江川を認めつつも、自分の記録に肉迫した後輩の大胆な試みには「8の次は10じゃないからね」と残念がった。9個目を取る意識をもっと強く持って欲しかった、と。

江夏の話に納得し、最後の勝負球を「10(個)狙いの迷ったカーブ」と振り返りながらも、それでも江川に後悔の念は生まれなかった。その清々しい顔からは「**偉大な先輩を超えようとしたのは自分だけだ**」。**そんな声が聞こえてきそうだった。**

悔しいとかよりも
納得いかんなぁ。
やっぱ勝たなあかん、
何があろうと。

武田大作
（ボート競技 五輪5大会連続日本代表）

31
PHILOSOPHY FOR SURVIVORS
100

根っからの負けず嫌い。一方でどこか楽観的。ボート競技日本代表の武田大作は、手漕ぎボートでフェリーと並走し競争を挑む。地元愛媛の海には、絶え間なくフェリーや漁船が行き交う。人工的な大きな波が起こるこの場所は、本来ボートの練習には向かないが、彼は逆にそれを利用しようと考えた。バランスを取りながら漕ぐことで筋力と体幹強化につなげる。独自のトレーニング方法だ。

そんな武田を支えるのは、8才年上の妻・素子。「私は大作を背負いこんだと思ってます。将来の具体的な計画も立てないし、あんなコントロールの効かない夫…」とボヤキながらも楽しそうに話す。彼女がいなければ、全日本7連覇という武田の偉業はなかった。

96年、初の大舞台となったアトランタ五輪で21人中20位と惨敗。これで武田の負けず嫌いに一気に火がついた。就職もせずボートしか頭にない男と結婚し、貯蓄を切り崩しすべての面でサポートしたのが素子だった。

シドニー五輪では、日本ボート競技史上最高の6位入賞。続くアテネ五輪でも、銅メダルのギリシャにわずかワンストローク差と健闘。そして武田は人生の伴侶に一大決心を告げた。「北京五輪でメダルを獲れなかったらもうやめる。僕にとって順位は大事。両親も年やし、実家の農業を継ごうと思う」。このとき、守るべき子供も4人になっていた。

だが北京五輪では、まさかの予選敗退。レース後、武田が無邪気な笑顔で妻に言ったのが右の言葉だ。妻も「納得いかんね」と笑顔で返す。夫と同じくらい負けず嫌いなのだ。ここからが武田夫妻らしい。**限界をまだ感じていない。だから引退を撤回し、次を目指すと二人で決めた。**

今日も武田は、故郷の海でフェリーを相手に競争を挑んでいる。

昔は昔。
今は今。
前に戻す訳には
いかないでしょう。
歴史ってヤツを。

高見盛精彦（大相撲力士）

32

PHILOSOPHY FOR SURVIVORS

100

「人生、8勝7敗でいいんだよ」という言葉がある。何度、失敗しようが人生の最後に勝ちが多ければ幸せなのだ、という意味である。では、現役14年間で563勝564敗と、負けが一つ多い高見盛の土俵人生は、幸せではなかったのだろうか。

体は大きいが気は小さい。76年に青森で生まれた少年は、いつもイジメられていた。見かねた小学校の先生が、自信をつけさせようと相撲部に入れてから、人生が大きく動く。中学、高校で全国制覇し、大学時代はアマチュア横綱に。東関親方（元・高見山）にスカウトされて大相撲へ。わずか一年で十両に昇進した。

その高見盛を一躍、有名にしたのは、立ち合い前のコミカルな仕草だった。目を見開いて両腕を大きく振りあげ、こぶしで胸を叩く。これは小心者の自分を鼓舞するためだった。相撲は強くなったが、気は小さいままだった彼は、老若男女誰からも愛された。

小結まで昇進したが、相撲人生の後半はケガばかりだった。ついに十両へ陥落。入門2年目に通り過ぎた地位で相撲人生最後の3年間を過ごした。

上位陣の取組をテレビで観る高見盛に、スタッフが問いかけた。「昔の栄光を思い出しますか？」その答えが右の言葉だ。**昔のことなんて、どうでもいい。いま勝ちたい。歯をくいしばって頑張るしかない。**37歳まで現役を張った男の背中は、人生の価値を勝ち星の数で決めるなと語っている。

何かを犠牲にしたからといって、等価交換で手に入るものではない。

保田洋祐（一橋大学ボート部 主将）

33

PHILOSOPHY FOR SURVIVORS

100

スポーツは公平だ。努力すれば必ず能力が向上する。偏差値70以上、日本屈指の難関大学である一橋大学のボート部をみればいい。入部するまでにボートを漕いだ経験はおろか、運動経験も満足になかった部員も少なくない。それが1日6時間、50㎞以上を、ほぼ毎日、漕ぐというナショナルチーム以上とされる練習量をこなして、3年後には大学トップクラスの結果を残してきた。コーチは語る。

「目的を達成するために、これぐらいはしなければいけないということを、受験勉強を通してちゃんと理解している」

私たちが取材した14年、彼らは本気で大学日本一を目指していた。前年は3秒差で、7連覇中の日本大学に敗れ準優勝。しかし、この年は日本代表3人を中心に数年来、最強のメンバーが揃っていた。このシーズンにかけるキャプテン・保田洋祐は、大事な初戦と重なったため、キャリア官僚を目指して準備していた国家公務員試験を受けなかった。

しかしスポーツは残酷だ。一橋大は、全日本大学選手権で日本大に敗れ、2年連続で準優勝。3・5秒差だった。優勝を逃したキャプテンは右のように語り、受験を延ばしたことを「後悔していない」と言い切った。**全力を尽くしても、多くを犠牲にしても、手に入らないものがある。人生は合理的な取引ばかりではないのだ。**身をもって人の世の真理を学んだ彼らは、心身ともに鍛えられた男となって、人生という海へ漕ぎだしていった。

遠回りするのが僕の野球人生。

中村紀洋
（横浜DeNAベイスターズ 野手）

34

PHILOSOPHY FOR SURVIVORS

100

通算ホームラン404本、安打は2101本。紛れもなく日本球界の歴史に残る男でありながら、中村紀洋ほど、波乱の野球人生を歩んだ男もいないだろう。

近鉄バファローズの顔として活躍してきたが、プロ14年目、31歳でメジャーに挑戦したときから、流転の人生が始まった。結果を残せず、野球人生を賭けた挑戦は1年で終わる。日本球界に復帰したが輝きは戻らず、オリックスを1年で自由契約になってしまった。

練習生扱いで中日に拾われたが、年俸は400万円。全盛期の100分の1だ。そこから必死ではい上がり、最後にはチームを日本一へ導き、シリーズMVPを獲得した。

まるで映画のようなストーリーだが、現実はこれで終わりではなかった。FAで中日から楽天へ移籍したが、結果が残せずに2年で解雇。バッティングセンターで独りバットを振りながら、オファーを待ち続けた。

すると今度は横浜DeNAに拾われた。2000安打、ホームラン400本も達成できた。右の言葉はそのときに語ったものだ。すでに39歳になっていた。

「自分の力だけじゃない。いろんな人からアドバイスをいただいた。みんなが僕に財産をくれたと思っています」

回り道は決して無駄ではない。腐らず、諦めず、努力を続けることの大切さを、中村の人生が教えてくれる。

本格的に人生をかけてやろう。

室屋義秀
（レッドブル・エアレース／エアショー パイロット）

35
PHILOSOPHY FOR SURVIVORS
100

夢から逃げ出そうとしたこともあった。それでも、みずからの道を自問自答したとき、大空を舞う自分の姿しか浮かんでこなかった。

夢を夢で終わらせない。

その最後の原動力は「想いの強さ」である。

始まりは「空を自由に飛びたい」という無垢な憧れだった。大空を飛び回るプロペラ機に魅せられたのは中学校3年生のとき。心を奪われた者には、愚直に前進を続けられる強さが備わる。室屋は18歳で中央大学航空部に入部し、20歳の時にアメリカで飛行機免許を取得。22歳の時に日本で開催された曲技飛行の世界大会で初めて目にした世界トップクラスのパイロットたちの操縦技術に衝撃を受け、目標を「操縦技術世界一」に定め、24歳の時に再渡米。航空スポーツがさかんな米国で操縦技術の腕を磨いた。25歳のとき、国内でエアショー活動を始めたが、実績がないためオファーはほぼゼロ。安定した収入もなく、練習する燃料費にも困る生活が続いた。それでも、3000万円の借金をして自分の機体を購入し、なんとか活動を続けようとスポンサー回りに奔走したが、やがて資金も底をついた。完全に行き詰まった。それでも室屋は空を目指し続けた。続けていればチャンスが来る。ブレない想いが不安を抑え込み、自分を前向きにしてくれる。貫く秘訣を聞かれれば、「想いを毎日、整理すること」だと返す。頑張っていても成果が得られず現実の重さに負けそうになる。そんな苦節の時期は誰にでもある。そこで支えになってくれるのは、やはり夢の強さなのだ。

技術を認められた室屋は今、空の世界最速のモータースポーツ・シリーズ「レッドブル・エアレース」で世界一を目指し飛び続けている。このレースは、世界のトップ14名しか出場を許されていない。

野球を嫌いなまま終わりたくなかった。

G.G.佐藤（プロ野球選手）

※当時はイタリア・フォルティチュード・ボローニャ1953でプレー

36
PHILOSOPHY FOR SURVIVORS
100

「禍福はあざなえる縄のごとし」という中国の古いことわざがある。「幸福も災いも、糸がよりあわさった縄のように、交互にやってくる」という意味だ。

GG佐藤の野球人生がまさにそうだった。日本のチームからドラフトで指名されず、アメリカの最底辺で野球を続けるしかなかったGGが、才能を開花させたのは30歳目前だった。西武の主軸に座り、08年にはファン投票1位でオールスターに選出。その勢いのまま北京五輪日本代表にも名を連ねた。まさに野球人生のピーク。

しかし、五輪の準決勝で失点につながるエラーを2度も犯してしまう。つづく3位決定戦でも落球し、メダルを逃したA級戦犯となってしまった。

それでもGGは踏ん張った。翌シーズン、ホームラン25本を放つなど自己ベストの成績を残し、年俸も1億円に達した。ところが翌年からは故障つづき。激しいトレーニングのために体はボロボロだったのだ。自己ベストの年から、わずか2年後、クビになった。

翌年、GGはイタリアへ渡った。その理由が右の言葉だ。プレッシャーのない国で、野球を始めた小学生の頃の気持ちにかえって、のびのびプレーしようと思ったのだ。

心が折れたときは原点に戻ればいい。再びエネルギーがわいてくる。

自分を取り戻したGGは、帰国して千葉ロッテに入団した。「イタリアから千葉ロッテマリーンズまでの3年間が野球人生で一番、楽しかった」。引退したとき、GGが残した言葉だ。

悔いを残したくない。
やりつくしたい。
やれることを
後回しに
するのではなく、
今やろう。

宮地克彦
（福岡ソフトバンクホークス 野手）

37

PHILOSOPHY FOR SURVIVORS

100

03年に西武から戦力外通告を受けた男は、オールスターのスタメンとして、かつての本拠地、西武ドームで打席に立っていた。野球人生の鮮やかな逆転劇だった。

89年、宮地克彦はドラフト4位で西武に入団するが、選手層の厚いチームだけに出場機会に恵まれず、一軍でプレーするまで5年かかった。プロ13年目に、ようやく100試合に出場したが、翌年はケガで出番は激減。オフに解雇されてしまった。

横浜、近鉄、ロッテの入団テストに落ちた後、福岡ダイエー(後にソフトバンク)に拾われた。一度、野球を奪われた経験があるだけに宮地は必死だった。試合前には近くの砂浜でダッシュ。試合後には深夜までバットを振った。

なぜ、そこまで自分を追いこむのか。そう問われて、右のように答えた。苦しい時には、いつもテストに落ち続けた日々を思い出す。野球選手だから、こんな苦しみを味わえる。宮地にとって野球での苦しみは、人生の喜びだった。

オールスター出場の翌06年、ケガに見舞われた宮地は、オフに2度目の戦力外通告を受ける。野球を求めて独立リーグに所属しながらプロ野球への復帰を目指すが、二度目の現役復帰はなかった。

ところが、かつてクビになった西武からコーチのオファーがあった。**必死に自分を追い込む姿勢が、野球人生、二度目の逆転劇を呼びこんだ。苦しみが実ったのだ。**

人がどう言おうが、
自分が納得できる
かどうかが、
人生の中で大事。

野口茂樹（プロ野球選手）
※発言当時は戦力外になり浪人中。

38

PHILOSOPHY FOR SURVIVORS

100

自分が納得できる人生を送ることは難しい。かつて球界ナンバーワンの左ピッチャーと賞賛された男であっても、それは同じだった。

中日にドラフト3位で入団。4年目にノーヒット・ノーランを達成。6年目には19勝を挙げてMVPに輝いた。最優秀防御率を2回、最多奪三振も1回、獲得した。

しかし、長年酷使した左ひじを痛みが襲う。移籍した巨人では3年でわずか1勝に終わり、戦力外を通告された。「ひじさえ治れば復帰できる」そう信じ、所属チームもないまま手術に踏み切った。その心境を語ったのが右の言葉だ。

わずかな可能性に賭けた野口は、夫人の父が営む焼鳥屋でアルバイトをしながらリハビリを続けた。戦力外通告から998日後、ついにマウンドに復帰。その舞台はかつて活躍したプロ野球ではなく、観客も少ない独立リーグだった。再び投げられるようになった野口は、最後の望みを懸けてプロ野球の合同トライアウトに参加した。

しかし、どの球団からも声はかからなかった。プロ野球の世界を追われてから3年の月日が経っていた。復帰が現実的には難しいことなど分かっていただろう。しかし彼には、「俺はここまでやったんだ」というプロセスが大事だった。

何かを諦めるのは難しくない。だが、その前に問い直してみよう。「私は自分が納得できるまで必死でやったのか?」と。

自分自身が満足するのが、いちばん難しい。

上原ひろみ（ピアニスト）

39

PHILOSOPHY FOR SURVIVORS

100

ボストンにある全米屈指の名門、バークリー音楽大学。上原ひろみは在学中、学内にあるピアノ練習室の「X6番」ブースにこもって、来る日も来る日も、単調な練習に取り組んでいた。聴く者を圧倒するテクニックと、アイデア豊かな即興演奏が持ち味の現在の上原とは、かけ離れた光景である。

「これだけミュージシャンがいるのだから、生半可なものではなく、絶対的に自分にしか表現できない何かがなければ通用しない、と感じたので」

思い出の「X6番」の前で、上原は当時の思いをこう語った。

「自分にしか表現できない何か」をつかんだ彼女は、在学中にプロデビューを果たす。大学は首席で卒業している。こんな華やかな経歴は、実は毎日の地道な努力に裏打ちされたものだった。

ボストンには、上原がプロ初ライブを行った思い出のクラブがある。久々にその場所に立った上原は、演奏後、右の言葉をつぶやいた。

11年、上原はバンドメンバーの一員としてグラミー賞を受賞して、音楽ファン以外にも知られるようになった。おそらくグラミー賞には彼女も満足しているだろう。だが同時に、新たな目標も設定しているはずだ。**ありあまる才能がありながら、決して歩みを止めない。いや、歩みを止めないことが、彼女の本当の才能なのだろう。**

辞めることが
責任をとること
じゃない。

中畑清
（横浜DeNAベイスターズ 初代監督）

40

PHILOSOPHY FOR SURVIVORS

100

トップの真価は辞めたときに定まる。15年のシーズン終了後、横浜DeNAベイスターズ初代監督、中畑清はユニフォームを脱いだ。

監督としての4年間は決して順風満帆とは言えなかった。就任1年目は最下位。オフには愛妻をガンで亡くすという不幸に見舞われた。「野球がなかったら、女房の後追いをしていた」という中畑。遺影に勝利を誓ったが、2年目は5位に終わる。

このとき中畑は責任をとるため辞任を口にした。そこに一通の手紙が届く。「辞めることより、今のチームを強くしていく責任のほうが大きいじゃないですか」還暦前の男が涙を流しながら、17歳の女子高生からの手紙を読んだ。そして、いまは最後まで諦めない姿勢を見せることが自分の使命だ。そう心にきめたのだろう。批判を覚悟で、中畑は3年目も指揮官の地位にとどまった。

そんな姿勢をファンは見ていた。最後のシーズンとなった15年、本拠地、横浜スタジアムの満員御礼が球団史上最多の43回を数えた。チームは前半戦を首位で折り返す健闘をみせ、オーナーからは早々の続投要請を受けていた。しかし最下位という成績をうけて、中畑は自らチームを去った。責任から逃げるつもりはなかった。

責任をとるために何をすべきか。そこに正解はない。だから迷ったときは自分にこう問えばいい。「自分は逃げていないか?」と。そうすれば答えはおのずと出るはずだ。

第3章

苦難を超越する20の言葉

夢・目標に向かって歩み続けると必ず逆境が訪れる。
過去の自分を突き破り、新たに目醒めた勇者たち。
その20人の言葉と英知に学び、苦難を乗り越えろ。

もうスケートはやらない。そう思って休養した。

浅田真央
（フィギュアスケート バンクーバー五輪銀メダリスト）

41

PHILOSOPHY FOR SURVIVORS

100

「ハーフ、ハーフ」。現役続行か引退かを問われた浅田真央は、そう言い残してソチ五輪の後、リンクを離れた。その心は引退へと大きく傾いていたことが、右の言葉でわかる。

もう、頑張り続けることはできなかった。5歳でフィギュアスケートを始めてから、文字通り、元旦以外は練習に打ち込んできた。バンクーバー五輪で銀メダルに終わると、基礎から徹底的に見直した。もとより食事、睡眠などの体調管理は怠らない。やるべきことは、すべてやってきたのだ。しかし天は金メダルという結末を授けなかった。

ソチ五輪ではショートでミス。メダルが絶望的な状況のなか、フリーで自己最高得点の演技をみせ、世界中を感動させた。残酷な、だからこそ観る者の心を揺さぶるストーリーだった。

一年間の休養中、浅田は人生で初めての穏やかな時間を過ごしながら、「自分は何がしたいんだろうな」と問い続けた。そして復帰を決断する。

気分転換したら意欲がわいた——そんな、軽いストーリーではない。

「満員の観衆の前で最高の演技をしたときの達成感を、また味わいたい」

他者の評価がすべてを決める採点競技の世界に生きながら、浅田は「達成感」という自らの心を大事にしていた。だからソチ五輪ではメダルと関係なく最高の演技ができたし、休養後、厳しい世界へ戻る決心もできた。**人は他人の評価のために頑張り続けることはできないのだ。自分を動かすのは自分しかない。**

自分の力ではないな、という気がしました。

羽生結弦
（フィギュアスケート ソチ五輪金メダリスト）

42

PHILOSOPHY FOR SURVIVORS

100

自分の力では何もできない状況に陥ったとき、どうすれば心のエネルギーを燃やすことができるのか。その最高の見本が、ソチ五輪の金メダリスト、羽生結弦だ。

11年3月11日、東日本を巨大地震が襲ったとき、地元・仙台のリンクで練習していた羽生は、スケート靴を履いたまま避難した。自宅は大きな被害をうけ、避難所での生活を余儀なくされる。

「自分はもうスケートが出来ないんじゃないかなと思いました」

このころ羽生は16歳。シニアに移行したばかりだった。生きるだけで精一杯で、未来を描くことなどできなかったはずだ。

そんな羽生に、全国からアイスショーの出演依頼が殺到した。半年で実に60公演。全国を移動しながら、ショーの前の短い時間を練習に費やした。このとき周囲からもらったエネルギーを、自分の中でさらに大きく燃え上がらせた羽生は、震災の翌年、世界選手権で銅メダルを獲得。このとき語ったのが右の言葉だ。

それから2年後のソチ五輪で、金メダルを獲得したことはあまりに有名だ。

自分の中のエネルギーが枯れたときは、心の耳を澄ませてみよう。家族が、仲間が応援している声が聞こえるかもしれない。そんな周囲からのエネルギーを受け入れる準備が出来たとき、再び立ち上がることができるだろう。

デカいことを言い過ぎだから負けたら格好悪い。夜になるとため息ばっかりついている。

魔裟斗（格闘家）

43

PHILOSOPHY FOR SURVIVORS

100

ビッグマウスでならす男が、フッと本音を漏らした。

立ち技格闘技「K―1」にミドル級が誕生して以来、常に注目を集めてきた。

「きっと僕が世界で一番強い男になるんじゃないのかな」

「ライオンがウサギを狩るときのように、誰が相手でも思いっきり叩き潰してやろうと思っています」

事あるごとに挑発的な発言を重ねた。03年には「K―1WORLD MAX」で初優勝。世間の注目度がさらに上がり、その言葉もクローズアップされる機会が増えていった。その姿が不遜に映った人もいただろう。だが、決して思い上がっていたわけではなかった。魔裟斗は敢えて自分自身に大きな重圧を課していたのだ。ストレスの大きさに寝られない夜も幾度となくあった。暗い部屋の中で、ただボーっとしていたり、夜中にずっと考え事をしたり。妻が本気で心配するほど、精神は消耗していった。それでも魔裟斗は**己の逃げ場をなくし、甘えの許されない状況を作った。自らを追い込んで強くなるために。**

「俺は99パーセントの努力と1パーセントの才能でこれ（ベルト）を取りましたから。1つのことを一生懸命、頑張ると本当にいいことがあるんだなと、今日思いました」

08年の「K―1WORLD MAX」で2度目の世界王者に輝いたとき、魔裟斗はそう言って胸を張った。

正直、投げたくないです。やっぱり怖いです。

山口鉄也（読売巨人軍　投手）

44

PHILOSOPHY FOR SURVIVORS

100

逃げてしまっては、何も得られない。不都合な現実から目を背けることなく、立ち向かわなくてはならない。そんな重圧と無縁で居続けられる人はいない。そんな瞬間、誰の頭にもよぎることがある。避けて通れるのなら、そうなることを願いたい、と。それが何万人もの大観衆の前で結果を出さなければいけないとなれば、なおのことだろう。

大一番を前に吐露した弱音は、いかに山口が謙遜する男であるとしても、嘘に包まれたものではない。戦う前にそんなことは口にすべきではないとわかっていても、胸のうちに留めていられなくなってしまう。プロ野球の試合終盤の勝敗を大きく分ける場面を預けられるというのは、想像を絶するプレッシャーに苛まれる。それこそ、できることなら「投げたくない」のだ。

それでも、高校卒業後、アメリカのマイナーリーグを経て育成枠で入団した山口には、同期入団の選手たちに追いつくために必死で練習した自負があり、その成果を表現できる場所は1つしかないことも知っている。磨き上げたボールで重圧を切り裂き、バッターも打ち取る。ベンチに戻り、屈託のない笑顔を浮かべながら解放感に浸る。

「やっぱり抑えた後は、行って良かったと思いますね」

山口は顔を強張らせながら、今日もマウンドに登る。**弱い自分を乗り越えた先にしかない、至福の喜びを味わうために。**

不安しかない。自信なんてないし、毎日泣きたいくらい。

片岡安祐美
（茨城ゴールデンゴールズ 選手兼監督）

45

PHILOSOPHY FOR SURVIVORS

100

最初は冗談だと思った。10年12月、茨城ゴールデンゴールズの生みの親である萩本欽一が10年限りで監督を退任。後任に指名したのは、まだ24歳の片岡だった。小学校3年生から野球を始め、プレーするのに男も女も関係ない。情熱は誰にも負けない。その信念で戦ってきた。14歳で女子野球日本代表に選出され、3度の世界一にも貢献。だが、創設から6年間、チームの顔としてやってきたとはいえ、監督を務めるなどとは考えてもみなかった。戸惑ったが、無理と言ったらチームがなくなるとも思った。それだけは避けなければならない。社会人野球初の女性監督になることを決意した。

しかし、シーズンに向けた2月の宮崎合宿が始まっても、なにをどうしていいかわからない。うまくいかないことばかりで、不安でしかなかった。苦悩の日々。だが、**人は不安だからこそ、頑張れる。不安になるのは投げ出していないから。困難から逃げていないから。不安でいいのだ。**片岡は、前年まで在籍していた酒井忠晴がプロ時代に書き留めてきたノートを借りて、改めて野球を見直した。試みが理解されずに選手と衝突しても意見をぶつけ合って前に進んだ。重圧から体調を崩すこともあった。それでも涙はこぼさなかった。

そんな片岡の姿を見て、ナインも信頼を寄せるようになった。そして7月、目標に掲げた「全日本クラブ野球選手権」への出場を果たし、片岡は監督として初めて涙した。さらに14年には同選手権で優勝。片岡は成長し続けている。

自分のテニスが見えなくなった。

杉山愛（プロテニス選手）

46

PHILOSOPHY FOR SURVIVORS

100

ひとつの成功が人生を狂わせる。ときとして、こんな皮肉なことが起きる。プロテニス選手、杉山愛の場合、ダブルスの成功がつまずきの始まりだった。

一般的に、テニス選手の評価はシングルスの成績で見られることが多い。ところが杉山は、いつもダブルスの成績が先行していた。ついにはダブルス世界ランク1位にまで上り詰めたが、シングルスでは伸び悩んでしまう。次第に杉山は自分を見失い、引退まで口にするようになった。まだ25歳のとき。当時の心境が右の言葉だ。

そんな杉山を暗闇の中から引き上げたのは、母・芙沙子だった。テニスの競技経験こそないものの、娘が4歳でテニスを始めたときからサポートし続け、17歳でプロに転向してから、ともに世界を転戦してきた。そんな母には、杉山愛という選手の良さも、そして修正すべき点も見えていたのだ。正式に母をコーチとして迎えてから3年後、杉山はシングルス8位、ダブルス1位と両方でトップ10に入る快挙を成し遂げた。

スポーツ選手に限らず、人は誰しも、「何もかも上手くいかない」「もう気力が湧かない」という穴に落ちてしまうことがある。そのときに必要なのは、自分の原点に戻ることではないだろうか。

杉山には、選手としての原点を知る母が、常に横にいた。母と娘の物語は、自分の原点を知ることの重要性を教えてくれる。

すごく怖かったけど、自分を信じてやったら勝てた。

浜口京子
（女子レスリング アテネ五輪・北京五輪銅メダリスト）

「勝ってもらいたいけど、勝負だから。相手の選手だって、死にもの狂いだから」

08年、北京五輪。アテネ五輪では銅メダルを獲得していた浜口京子は、今度こそ金メダルを期待されていた。その試合前、母はこう言った。そう、勝負には相手がいるものだ。自分の思い通りにはいかない。

北京までは険しい道のりだった。アテネ五輪の2年後に行われた世界選手権では、頭突きで鼻骨を折られ、全治4ヶ月の重傷を負う。しかも相手選手の反則にはならなかった。翌年もまた、不可解な判定で敗退してしまう。

引退を考えるほど落ち込んだ浜口だったが、自らにこう言い聞かせて耐えた。「前向きにいきたい。五輪で金メダルをとるために、こういう経験をさせてもらっていると思う」

ところが勝負は非情だ。北京五輪では準決勝で熱戦の末に敗れてしまった。残るは銅メダルがかかった3位決定戦。試合前の心境を語ったのが、右の言葉だ。

勝負の世界に限らず、ビジネスでも、就活でも、試験でも、常に「相手」がいる。自分だけが頑張れば結果が出る、という状況のほうが少ないはずだ。

そんなとき出来ることは、**自分を信じることであり、その前に信じられる自分を作り上げることだ。**浜口は自分を信じて、二度目の銅メダルを勝ち獲った。

このままじゃいけない。今できることをやろう。

京谷和幸
（車椅子バスケットボール 日本代表）

48

PHILOSOPHY FOR SURVIVORS

100

アスリートが健全なその肉体を、突如奪われたとき一体どうなるのか。将来を期待されていた22歳のプロサッカー選手、京谷和幸は、交通事故で下半身不随となってしまった。

「俺が車椅子になる。サッカーできない。そんなの、ありえないし、認められない」

死んだほうがいいんじゃないか、と泣き続けた京谷を救ったのは、そのとき婚約していた現在の夫人だった。自ら結婚指輪を用意して、入籍を求めたのだ。

このとき京谷の頭の中に浮かんだのが右の言葉だ。それまで人生の中心はサッカーだった。それが、夫人を幸せにすることに代わったのである。京谷は生きる気力を取り戻し、車椅子で生活するためのリハビリを始めた。

車椅子バスケットボールと引き合わせたのも夫人だった。激しく動きまわる選手の起こす風を受け、車椅子のタイヤのゴムが焦げる臭いを嗅いだ京谷は衝撃を受けた。

「これなら、自分が昔、上り詰めようとしていた場所に、到達できるんじゃないか」

腹筋と背筋が機能しない京谷は、首と腕の力を鍛えあげて、サッカーで目指していた日本代表の座に上り詰めた。シドニー、アテネ、北京、ロンドンと4度、パラリンピックに出場。現在は車椅子バスケットとサッカー、両方の指導者の道を歩いている。

自分の置かれた状況に不満を抱く人は少なくないだろう。**でも、まずはそこで出来ることをやろう。**そうすれば道が開けることを京谷の人生が教えてくれる。

頑張るチャンスがもらえる人は頑張らなきゃ。

有森裕子
（女子マラソン バルセロナ五輪銀・アトランタ五輪銅メダリスト）

49

PHILOSOPHY FOR SURVIVORS

100

「メダルの色は銅かもしれませんけど、初めて自分で自分を褒めたいと思います」

96年アトランタ五輪の女子マラソンで前回のバルセロナ大会の銀に続く2つ目のメダルを手にした有森。銀から銅に下がっても自らを褒めたかったのは、そこまでの4年間が地獄のような日々だったからだ。

92年、日本女子マラソン史上初の銀メダルを獲得して帰国した有森を待っていたのは、異常とも言えるフィーバーぶりだった。取材、講演、祝賀パーティー、イベント。プライベートな時間は皆無に等しく、気持ちも体も消耗しきった。唯一、羽を休めることのできた実家へも連日のサイン攻め。気持ちに余裕が持てなくなるのは必然だった。悪気などないのはわかっているのに「アトランタも頑張って」との声に苛立った。日記に〈走りたけりゃ走るさ。やだったらやめるさ。もっと自由に…私の人生!!〉と書き殴った。落ち着きを取り戻して走り出したが、今度は怪我に苦しんだ。足底腱膜炎。激痛で歩くことすらままならない。2年近く、もがき続けた。94年11月、両足を手術するために入院。そこにいた車いすの患者、歩行困難な患者を見て有森はハッと気づいた。**生活や人生に悩んでいる人がいる中で私の悩みは走れないということに過ぎないどころか、五輪に出るチャンスまでもらっているのだ**と。覆っていた暗い雲がようやく消えたのだった。

辛く苦しい長いトンネルを抜けた末のメダル。銀以上の輝きがその銅メダルにはあった。

一度は死んだ身なので。

吉川大幾（読売巨人軍 野手）

50

PHILOSOPHY FOR SURVIVORS

100

失ってみて、初めて分かることがある。入団からわずか4年、22歳で中日から戦力外通告を受け、一度は野球を失った吉川大幾がそうだった。

名門、PL学園高で活躍し、ドラフト2位で中日へ入団。高校、中日の先輩となる名選手、立浪和義のつけた背番号3を継承した。順風満帆のスタートだった。

しかしプロの壁にぶつかる。4年間で公式戦出場は44試合、ヒット4本。「もっと出来るはずなのに」と、自分に苛立っていた。だが周囲は、苛立つ吉川をみて、「態度が悪い」と感じていた。実際、先輩からアドバイスされても「無駄なプライド」が邪魔をして、素直に受け入れることができなかった。

今なら吉川も分かっている。「やる気がないのかと、受けとられても仕方がない」と。

巨人に拾われると、俊足を活かすためスイッチヒッターの練習を始めた。守備も本職のショートだけではなく、二塁や三塁にも挑んだ。

「どこでも守れたり、何でもできると試合に出られる。試合に出ないとアピールもできないですし」

東京ドームで試合がある日は、試合開始の7時間も前に球場へ入り、コーチと一緒に地道な基本練習を繰り返す。その練習の合間に口にしたのが右の言葉だ。

プロとして生き返った男は、かつての自分に足りなかったものが何か、今なら分かっている。

こういう試練を
与えてくれた
野球の神様に
感謝できるように
ならなければいけない。

松坂大輔
（ボストン・レッドソックス 投手）

98年の夏、ＰＬ学園高を相手に延長17回を投げ抜いたときから、松坂大輔の伝説は始まった。翌年、西武に入団すると3年連続で最多勝。07年にメジャーリーグ屈指の名門、ボストン・レッドソックスに移籍すると、15勝を挙げてワールドシリーズ制覇に貢献。その間、五輪やＷＢＣでも大活躍した。

順風満帆だった野球人生が暗転したのは、メジャー移籍3年目だった。硬いマウンドで疲労が全身に蓄積。11年には右ひじのじん帯断裂で、手術を受けた。

手術前の会見で、慎重に考えながら口にしたのが右の言葉だ。

野球の神様に「感謝する」とは、とても言えなかった。当然だ。野球人生最大のピンチなのだから。感謝できるようになるのは復活してからだ。しかし、「痛みとの戦いも覚悟している」とも語った松坂には、それが容易ではないことも分かっていた。

厳しいリハビリを経て、手術から1年後に復帰したが、1ヶ月もたたずに故障者リストへ逆戻り。この年、名門球団を去る。その後の2年間は、メジャーと、その下のマイナーを行き来する日々。かつて「怪物」と呼ばれた男には、耐えがたい状況だっただろう。

15年、松坂は日本へ帰ってきた。まだ野球の神様に感謝する気にはなれないだろう。自分の野球人生をハッピーエンドで締めくくることができるのか。それも今後の自分次第だ。**自分のストーリーを描くのは、自分しかない。**

上手くいかないことすらも楽しめるようにしたい。

岡崎慎司（プロサッカー選手）

52

PHILOSOPHY FOR SURVIVORS

100

サッカー日本代表のエースストライカーにも苦悩の時期があった。今でこそ代表の中核をなす本田圭佑、長友佑都、香川真司、内田篤人らと共に戦った08年の北京五輪では、日本史上初めてグループリーグ3戦全敗で終戦。谷間よりもさらに下の「谷底世代」と揶揄された。岡崎自身も3試合すべてに出場するも、放ったシュートはわずか1本。大舞台の雰囲気に飲まれて役割を果たせなかった。10年のW杯・南アフリカ大会ではメンバーに入るも、直前の親善試合4試合すべてに先発出場してノーゴール。「俺が点を取らないといけない」と背負い過ぎてしまった結果だった。岡田武史監督は本田1トップへと舵を切り、岡崎は本番では全試合ベンチスタートに甘んじた。

悪い流れを断ち切れたのは、心に余裕を持てたからだった。年が明けた11年1月、飛躍を期してドイツ・ブンデスリーガのVfBシュツットガルトに移籍。ここでもなかなかゴールネットを揺らすことができなかった。**しかし、そんな状況でも自分が上手くなることを考えて楽しもうとしたのだ。**チームから求められている、サイドでの守備や起点になることに努めた。すると、体を張って必死に守備参加を続けたおかげで当たり負けしないようになり、ボールのキープ力も向上。ゴールが近いことを予感するようになった。

待望のゴールはリーグ戦11試合目。チームが1部残留を決めた試合での貴重な決勝点となった。これを機にブンデスリーガでも上位のゴールハンターへと成長。今も世界最高峰のプレミアリーグでプレーしている。

人生、
いろんなことがある。
つまずいても、
つまずいても
踏ん張っていきたい。

内田博幸（日本中央競馬会 騎手）

53

PHILOSOPHY FOR SURVIVORS

100

この男の心の強さは、どこからくるのか。生命に関わる大事故に遭いながら、騎手・内田博幸は、半年の入院を終えた日、右のように言った。

注目度の低い地方競馬で騎手としてのキャリアをスタートさせた内田は、数々の記録を塗り替え、37歳にして中央へ移籍。2年目にして、天才・武豊からリーディングジョッキーの座を奪うなど、騎手人生は順風満帆、のはずであった。

皮肉なことに悲劇は、移籍前の所属先だった大井競馬場で起こった。大雨が降るなか、騎乗している馬がぬかるんだダート（砂地）コースで脚をとられてしまい、頭から地面に叩きつけられてしまった。

絶対安静の日々が続いた。歩行器を使ってなんとか立てるようになっても、首を固定させる器具がボルト4本で頭に取り付けられていた。そんな体で内田は妻に言った。

「戻りたい。絶対、戻りたい」

頭を器具で固定したまま、下半身の地味なトレーニングを始めた内田は、事故から8ヶ月後、競馬場に戻ってきた。復帰第一戦は、事故と同じダートコース。恐怖心はあったはずだ。しかし内田は攻めの騎乗で2着に入る。翌日には267日ぶりの勝利を飾った。

腕一本で道を切り拓いてきた男は、人生というコースに障害があるのは当然だと考えているのだろう。そして、**障害を越えることこそが、生きるということ、そのものなのだ。**

苦しみをありがとう。

栗城《くりき》史多《のぶかず》（登山家）

54
PHILOSOPHY FOR SURVIVORS
100

無口、ストイック、頑強な肉体。登山家といえば、こんなイメージがある。ところが、栗城史多は、そんなイメージを軽々と裏切ってくれる。多くの人に一歩踏み出す勇気を伝えたいと、登るプロセスをインターネットで生中継する栗城は、自ら持つカメラの前で、「荷物が重くて大変だ」とか、「もうダメだ」など、何度となく弱音を吐くのだ。

しかし彼は、その苦しさをエネルギーに変える方法を知っているのだろう。標高8167mのダウラギリを単独無酸素で制したとき、右の言葉を口にした。

世界では過去に一人しか成功していない、エベレストの単独無酸素登頂に挑んだときも、栗城は苦しんだ。酸素が地上の3分の1となる標高7500mの領域、通称「デスゾーン」で足が止まってしまう。ベースキャンプとの間で、こんな通信が交わされた。

「行くか戻るか。生と死の分岐点です」（キャンプ）

「了解しました。行きます」（栗城）

「命があれば、また挑戦できます。命を大切にしてください」（キャンプ）

生命の危険がかかる緊迫した場面。栗城はギリギリの段階で撤退を決意した。

しかし栗城は諦めない。さらに挑戦を続け、4度目には凍傷で手の指9本を失ってしまったが、それでもエベレストを目指している。「苦しい」と叫び続けながら。

そして、**その苦しみに感謝しながら、登頂に成功する日がいつか来ると信じている。**

なかなか上手くいかないけど、それが嬉しかったりする。

上野由岐子
（ソフトボール　北京五輪金メダリスト）

55

PHILOSOPHY FOR SURVIVORS

100

08年、北京五輪。多くの日本人選手が活躍したなか、最も注目を集めたのは、ソフトボール代表チームのエース、上野由岐子だった。帰国後は、たった一人で投げ抜いて金メダルを獲得した上野を見るため、スタジアムに観客があふれた。

しかし世間は移り気だ。ロンドン五輪で実施されなかったソフトボールは、注目されなくなる。続くリオ五輪でも除外が決定。上野も五輪という大舞台を失い、モチベーションを失ってしまった。

そんな彼女を救ったのは監督の宇津木麗華だった。中国生まれで、日本へ国籍を変更したため、かつて五輪に出場できなかったことのある苦労人だ。宇津木は、上野にバッティングに挑戦させたり、チームのトレーニングコーチを任せたりすることで、彼女の心が折れないように気を配った。

右の言葉は、新しい課題にとまどいながら、そこに楽しみを見出したときに生まれた。未知の世界に挑むことで、上野は「心の可動域」を広げていったのだ。

ロンドン五輪で世界が沸く12年。その陰で日本女子ソフトボールチームは、女王アメリカとの接戦を制して42年ぶりに世界選手権王者に輝いた。決勝トーナメントを一人で投げ抜き、最後にマウンドに立っていたのは上野だった。**体力の限界を超えて投げ続けることができたのは、心が折れそうな状況でも、自分をコントロールする力を磨いた日々があったからに違いない。**

あの負けがあったから、辛いことを乗り越えられた。

木村幸四郎(小松大谷高校 投手)

56

PHILOSOPHY FOR SURVIVORS

100

9

回裏、8対0。普通の野球の試合なら勝負は決まったも同然だ。ところが、そこから大逆転されて負けたチームがある。石川県の小松大谷高校。それも甲子園をかけた県大会の決勝戦だった。14年の夏、強豪・星稜高を相手に好投していた3年生エースが左足を痛めて2失点。リリーフの2年生、木村幸四郎が7点を奪われ夢は砕け散った。屈辱だった。

「全部俺のせいだ…」。敗戦の責任を一人で背負った2年生は、「お前のせいじゃない。決勝までこられたのはお前のおかげだ。ありがとう」という先輩の言葉に救われた。それから一年間、エースとなった木村を中心に、選手たちは再び頂点を目指した。練習場に、逆転負けを報じる新聞の記事を常に掲げ、雪辱を期した。

再戦の場は準々決勝だった。「楽しみでもあります」。試合前、木村は言った。「復讐」や「仕返し」という気持ちではなく、前向きに挑戦する心。彼らが一年間かけて鍛えたのは、技術だけではないことを物語っていた。

試合は劇的な幕切れだった。0対3と星稜高に3点のリードを許して迎えた9回裏。小松大谷高は4点を奪って逆転サヨナラ勝ち。一年前とは逆の鮮やかな勝利だった。

だが、現実は残酷だ。続く準決勝で小松大谷高は敗北。またしても甲子園への夢は叶わなかった。試合後、泣きながら木村が口にしたのが右の言葉だ。納得のいく結果ではなかったし、悔しさもあっただろう。**それでも屈辱から這い上がった一年間は、今後の彼らの人生の大きな糧となるに違いない。**

山を登っていました。霧がかかっていて、
どこに道があるかわからないから、
手探りで。目の前に手を出して、
斜面に触れれば、「まだ上があるんだな」
と思って、なにも見えないまま
登っていきました。
ある日、霧がかかっているけど、
壁らしきものがないところに出た。
風が吹いて、霧が晴れたときに、
パッと周囲を見たら、
山の一番上にいるじゃないか。
「もう登る山なんかないよ」と
思いましたね。

伊良部秀輝（元プロ野球選手）

57

PHILOSOPHY FOR SURVIVORS

100

「自分の野球人生を振り返ってみると?」という質問に、伊良部秀輝は、右のように答えた。現役時代、「悪童」と書かれたコワモテからは想像もできない。じつに繊細な感覚の持ち主だったのだ。

清原和博との対戦で、当時日本人最速の158km/hを出した剛腕は、日本で最多勝をはじめ数々のタイトルを獲得。大騒動を引き起こして移籍したニューヨーク・ヤンキースでは、日本人選手として初のワールドシリーズ優勝を経験した。もう、登る山などなかった。しかし、そこから下りるのが難しかった。ヤンキースを放出されると、メジャー2球団を経て、日本球界へ復帰。阪神ではリーグ優勝に大きく貢献した。しかし翌シーズンは活躍できずに戦力外通告を受け、引退。アメリカへ戻って飲食店を経営していたが、野球への思いを断ち切れなかった伊良部は、草野球から始めて、40歳にして現役復帰を果たした。

「メジャーリーグ、日本のプロ野球、そこが最高峰じゃないですか。やっぱり、そういうところで投げたい」

かつて頂点まで登った山に再び挑み始めたのだ。しかし、結局、カムバックは果たせず、41歳で2度目の引退宣言。それから1年半後に、自ら人生のゲームセットを宣告した。「野球」という山しか見なかった人生だった。繊細な感覚をいかして他の山でも上まで登ることもできたのではないだろうか。**別の道を見つける難しさを、悲運の天才は教えてくれた。**

変わっているんだろうけど、あまり気にしない。

朝原宣治
（陸上競技 4×100mリレー 北京五輪銅メダリスト）

58
PHILOSOPHY FOR SURVIVORS
100

30歳を迎える時は恐怖を感じた。体力的に「ガクッと来るんじゃないか」と。どんなアスリートでも避けて通れないのが、年齢を重ねることによる衰えだ。朝原も30歳という目に見えない〝壁〟を恐れていた。だが、それは杞憂に終わった。30代になって初めて挑んだ世界大会である、03年の世界陸上パリ大会でも準決勝まで残った。体力面など多少は下降している部分はあるのだろうが、それを「気にしても仕方がない」と冷静に受け止めて、柔軟に対応した。自分ができる全ての事に意欲的に取り組んで本番を迎える。それができれば「五輪、世界陸上での100mのファイナリストになる」という夢を追い続けることができる。そう悟った。

走り幅跳びが専門だった朝原が100mのランナーとして初めて脚光を浴びたのは21歳のとき。93年の国体で10秒19をマークし、日本新記録を樹立したのがきっかけだった。100mの比重を大きくしていき、96年のアトランタ五輪で初めて準決勝進出を果たすと、その後も97年アテネ、01年エドモントンと世界陸上でも準決勝で走った。大阪で開催された07年の世界陸上では35歳となっていたが、目指したのは、やはりファイナリスト。世界の壁は厚く、悲願は成就できなかったものの、翌08年北京五輪では4×100mリレーで銅メダルを獲得してみせた。

時間の流れは万人に平等で、年齢も差異なく増えていく。歳を重ねることが脅威なのではない。怖いのは年齢に対する既成概念に心が屈することなのだ。

一日、一日、大切に笑顔で、全力で踊っていきたい。

横山実香（フラガール）

59

PHILOSOPHY FOR SURVIVORS

100

横山が福島県いわき市にあるスパリゾートハワイアンズのフラガールになったのは07年のこと。フラダンスは未経験だったが、会社が運営する常磐音楽舞踊学院で1日8時間、ダンサーとしての技術や知識、社会人としての礼儀などを学んだ。入ってから約2ヶ月半後にプロの舞台に立ったが、それまでには、「笑顔のスランプ」に陥った期間もあった。フラダンスは顔の表情でも喜びや悲しみを伝えなくてはならない。振りを覚えることで精一杯となり、上手く笑顔が作れず、「笑顔になるのが嫌い」とこぼしたこともあった。

そうした苦難も乗り越え、プロのダンサーとして踊れる喜びを感じながら充実した日々を過ごしていたのだが、11年3月11日。東日本大震災で過酷な現実に直面する。ハワイアンズも休館。それでも立ち上がった。家族のために、愛する故郷のために。

震災から42日後、練習を再開。5月からメンバーが日本全国を回って踊りを披露しながら、いわきの町をPRする活動「フラガール全国きずなキャラバン」を行うためだった。最初に訪れたのはいわき市の避難所。その後、5ヶ月に渡って各地を飛び回った。

そして10月1日、営業再開。500人以上の観客が集まった。フラガールたちの踊り、笑顔を見て、被災して苦しんでいる人たちの顔に笑みが生まれた。そこで横山は右のコメントのように誓ったのだった。**切なる思いを胸に、13年10月の引退まで横山はダンスと笑顔で福島を勇気づけ続けた。笑顔の力を信じて。**

いま、僕は釜石の男さ。

ピタ・アラティニ
（ラグビー 元ニュージーランド代表）

60

PHILOSOPHY FOR SURVIVORS

100

非常時の行動で人間の本当の姿が分かる。東日本大震災が発生したとき、岩手県釜石市のラグビーチーム「釜石シーウェイブス」のキャプテン、ピタ・アラティィニは、母国ニュージーランドの大使館から迎えにきた車に乗らなかった。「釜石を見捨てるわけにはいかなかった」。釜石に残った彼は、同僚の外国人選手たちとともに救援物資や建設資材の搬入といったボランティア活動に取り組んだ。

アラティィニは常に世界一を期待されるニュージーランド代表「オールブラックス」の一員として、W杯にも出場した本物だ。06年から釜石でプレーしていた。「オールブラックスにいた選手が、なんで釜石にいるの？　と、よく言われるよ」そんな彼は「釜石はラガーマンにとって最高の場所」だという。かつて7年連続で日本一に輝いた企業チーム「新日鐵釜石」は地元の誇りだ。しかし企業の手厚いサポートを失ったチームは2部リーグへ降格していた。

満員の巨大スタジアムでプレーしていた自分が、簡素なグラウンドでプレーすることに疑問を感じたこともあっただろう。それでもアラティィニはチームのために、釜石のために体を張った。だからこそ釜石市民は彼を受け入れたのだろう。**不満ばかりの人間が、周囲と強い絆で結ばれることはない。今いる場所でベストを尽くせ。自分の居場所は自分で作れ。**いま母国で指導者の道を歩くアラティィニが、体でそう教えてくれた。

第4章 未来を切り拓く20の言葉

いつの時代も開拓者は孤独との戦いだった。
情熱に突き動かされ、歴史に名を刻んだ勇者たち。
その20人の言葉と英知に学び、未来を切り拓け。

負けて相撲をおぼえる。

白鵬翔（大相撲 第69代横綱）

61

PHILOSOPHY FOR SURVIVORS

100

大横綱にとって、積み上げてきた幾多の白星と同じく、黒星も大切なのかもしれない。15年1月場所で33回目の優勝を飾り、大鵬の持つ幕内最高優勝記録を更新。通算勝利数も900を超え、歴代最強の呼び声も高い白鵬だが、当然ながら勝ちっぱなしできたわけではない。驚異的な勝率を誇る横綱ですら、年間に数回は喫する敗北。そこから多くを学んできた。

右のコメントは09年夏場所の優勝決定戦で、同郷モンゴル出身で同い年のライバル・日馬富士（当時大関）に敗れた後に口にしたもの。大きくゆっくりとした吐息の後、そんな殊勝なコメントを残した。

「何かで失敗して、負けてこそ努力するわけだしね。努力してたくさん努力して長く横綱を張ることで、その時点で最強横綱になるんじゃないかな」

一時代を築きつつあった男は、この言葉通り敗北を糧としてさらに大きく成長した。

続く名古屋場所で優勝賜杯を手中に収めた白鵬は、翌10年春場所からは7場所連続V。その中には4連続全勝優勝が含まれており、連勝記録も崇拝する双葉山の69に迫る、歴代2位の63まで伸ばしてみせた。

勝ち続けられる人生などありはしない。白鵬に限らず古今東西の偉人たちは、敗北や失敗に学んできた。そこには成功に結びつく、多くのヒントが隠されている。

世界一のサイドバックになります。

長友佑都（プロサッカー選手）

※発言はセリエA・ACチェゼーナにレンタル移籍時。

62

PHILOSOPHY FOR SURVIVORS

100

自分がやりたいことと、周囲から求められることが食い違って、悩んでしまう人は少なくない。日本サッカー史上最高のサイドバックとも称される、長友佑都にもそんな悩みがあった。

小学生でサッカーを始めたときはフォワードで点をとりまくっていた。ところが中学、高校と進むうちに、ポジションが下がっていく。そして明治大学サッカー部では、ついにサイドバックへコンバートされた。豊富なスタミナと、1対1に強い守備力を見込まれてのことだが、長友は「ディフェンスは嫌だった」と、当時を振り返る。

試合に出るため新しいポジションを受け入れるのか、それとも自分の意志を貫くか。スポーツ推薦でもなく、しかも入学早々に故障して出遅れていた長友に、NOという選択肢はなかった。

だが、この転向が運命を変える。練習を積み、研究を重ねた結果、才能が一気に花ひらいた。3年時にはJリーグ・FC東京に入団。北京五輪、W杯南アフリカ大会にも出場した。さらに大会後はセリエA・ACチェゼーナへレンタル移籍する。右の言葉は、移籍セレモニーでファンへ向けたメッセージだ。このとき長友の胸中にはサイドバックの誇りが満ちあふれていた。

英語で「天職」のことを「コーリング（calling）」という。**天職とは自分が選ぶものではなく、向こうからコールされるものなのだ。**長友のサクセス・ストーリーも、そのことを教えてくれる。

海外でプレーして自分がどんな風に変わるのか、体験してみたい。

木村沙織
（女子バレーボール ロンドン五輪銅メダリスト）

63

PHILOSOPHY FOR SURVIVORS

100

海外挑戦。12年9月、世界の一流選手が集まるトルコリーグの強豪「ワクフバンク」へ移籍した木村。同年のロンドン五輪で銅メダルを獲得した日本のエースに、世界各国から注目が集まった。その中の一人、ワクフバンクのグイディッティ監督は、熱心に木村をチームに誘い、破格の条件を提示したが、木村は当初、迷っていた。

「日本にいても学べることはたくさんあったし、それ以外に特に求めてもいなかった。日本が一番いいと思っていますし、出たくないと思って」

海外移籍に消極的だった木村を翻意させたのは、世界で活躍する同い年のアスリートたちの存在だった。ダルビッシュ有、本田圭佑、長友佑都。同じ86年生まれの彼らが海外で活躍して、そこで得たものを日本にいる選手たちに還元し、それぞれの代表が強くなっていく。単純にすごいことだと思った。**私も同じようになれるのか、どんなふうに変われるのかと考えたとき、気持ちが前を向いた。**

生活環境が大きく変わり、友達に会うこともできない。言語の壁からチームメートとのコミュニケーションも上手くいかない。世界最高峰のリーグで、補欠に甘んじる屈辱も味わった。異国の地で手痛い洗礼を浴びた木村。それでも、日本の女子バレー界を背負うエースは毅然と前を向き、こう言った。

「もっともっとレベルアップしたいなと思いましたし、（ここでの）経験を日本に帰ってからも生かせるように頑張っていきたいと思います」

自分の進む道は、自分で切り開く。

村主章枝（フィギュアスケート選手）

64
PHILOSOPHY FOR SURVIVORS
100

それはフィギュアスケート界では前例のない宣言だった。

「末永く滑っていくために、経済的にも自立をしたいと思っています。面接、もしくは入社試験などにも参加していきたいなと思っています」

2度の五輪に出場した実績を持つ村主が、現役を続けるために一般企業への就職活動をする。そのニュースは驚きとともに伝えられた。フィギュアのトップ選手の場合、年間約2000万円もの活動費がかかる。そのため大手企業とスポンサー契約、あるいは社員となって費用を賄ってもらうケースがほとんどで、その支えを失うと現役を続けられない状況に追い込まれる。村主も09年1月にそれまで支援してくれていたスポンサーが撤退。1年間は両親の援助を受けてバンクーバー五輪を狙ったが、それも叶わず。このとき28歳。フィギュアスケーターとしては大ベテランで、普通ならここで引退だった。

しかし、村主は引き下がらなかった。トリノ五輪では、ミスのない演技をしたにもかかわらず、4位。自分には何が足りなかったのだろう。五輪での忘れ物は、五輪に行かないと探せない。だから、**どんな苦境に置かれても自ら行動を起こして未来を切り開くと決意。**就職活動10社目にして正社員に採用された会社でOLとフィギュアを両立させて14年ソチ五輪を目指した。結局3度目の夢舞台には立てなかったが、出来る限りを尽くして、やめさせられるのではなく、自ら引き際を決めた。だからこそ、村主は悔いなく希望を持って、指導者の道へと進むことができた。

ここで終わるな。日本代表をめざせ。

大久保嘉人（プロサッカー選手）

65

PHILOSOPHY FOR SURVIVORS

100

肉体のピークは過ぎているであろう31歳で、自己最多の26得点を記録し、初の得点王に輝いた男がいる。大久保嘉人。13年、プロ13年目の快挙だった。

シーズン半ばの5月、厳父・克博さんが61歳の若さで亡くなった。大久保が小学校でサッカーを始めてから、常に「ここで終わるな」と、背中を押してくれた存在だった。国見高校で全国大会3冠を達成したときも、「プロになれ」と発破をかけた。

プロ入り後も父は息子に、さらなる高みを目指せと激励を続けた。息子も期待に応えて、日本代表としてW杯南アフリカ大会に出場。スペイン移籍も果たした。それでも父は、息子の背中を押し続けた。

亡くなった後、弱々しい字で書かれた手紙が見つかった。南ア大会以降、代表から遠ざかった息子へ向けた最期の檄だった。

「(再び)日本代表になれ。空の上から見とうぞ」

最後の最後まで父は、息子が「もう、これでいいや」と、思うことのないよう導いたのだった。現状に満足するな。努力を続けろ。

初めて得点王になった勢いのまま、大久保は、14年W杯ブラジル大会の代表に選ばれた。途中交代も含めて、全試合に出場し、亡き父の夢を叶えた。

そしてこの年、大久保は再び、Jリーグ得点王に輝いたのだ。成長に終わりはない。父の教えは、息子の体に刻みこまれている。

全く自分を必要としていないというのがわかった。

上原浩治（メジャーリーガー 投手）

66

PHILOSOPHY FOR SURVIVORS

100

あるべき場所を奪われても、誇りまで取り上げられることはない。

12年、上原がテキサス・レンジャーズで残した成績は登板37試合で防御率1・75。リリーフピッチャーとして試合終盤の大事なマウンドを担うのに十分な数字だった。しかし、セーブとホールドは1個と7個と少ない。これはチームが勝っている、もしくは同点の状況で起用された回数が少なかったことを表している。つまり上原は敗戦処理のピッチャーとして扱われたのだ。理由は前年のプレーオフで投げる度に、失点を重ねたことにあった。

抑えているのに信頼してもらえない。水面下ではトレード要員に挙げられていることも知っていた。自分は必要とされていない。一本気な上原には、その状況はさぞ堪えたことだろう。加えて「中継ぎの大変さというのをわかってくれない」とも感じていた。**自分の感情をねじ曲げ、プライドを失ってまで、そこで投げる理由はなかった。**

反骨心の塊のような男だ。アマ時代はエリートとは無縁の道を進んできて、巨人に入ってからも「雑草魂」で勝ってきた。34歳でメジャーに戦いの場を移し、デビューから3ヶ月で右肘腱部分断裂をしたときは野球人生が終わったと思った。それでも逆境を乗り越えてきたのだ。

レンジャーズで苦汁をなめた12年のオフ、上原はFAでボストン・レッドソックスへ移籍。27試合連続無失点など、勝ちゲームのリリーバーとして大活躍し、世界一に貢献した。「獲ってくれたチームに恩返しできた」と話す上原の顔は、誇りで満ち溢れていた。

上には上がいるじゃないですか。

渡嘉敷来夢
（バスケットボール選手）

67

PHILOSOPHY FOR SURVIVORS

100

免疫がなかった。それだけに受けたショックは大きく、自分のプレーがわからなくなった。経験したことのないスランプ。自信を失い、瞳からは涙がこぼれ落ちた——。

「日本女子バスケットボール界の救世主になる」と将来を嘱望されてきた。バスケを始めたのは中学からだが、小学校6年生の時点で身長は170cmを越え、驚異的な身体能力も併せ持つ渡嘉敷を止められる選手などいなかった。16歳で日本代表候補に史上最年少で選ばれ、身長192cmにまで成長した「100年に1人の逸材」は鳴り物入りでJXサンフラワーズ（当時はJOMO）に入団。ジャンプしたときの最高到達点は3m25cm。圧倒的なリバウンド力で、ゴール下を支配。スピードも最高クラスで、1年目から女子トップリーグ「Wリーグ」で史上初の新人王とMVPをダブル受賞した。

「バスケットをやっている以上は誰にも負けたくないです」

そう言って笑う顔には「負けたくない」ではなく、「負けるはずがない」と書かれていた。だが、それは過信でしかなかった。11年8月のロンドン五輪アジア予選を兼ねたアジア選手権準決勝で戦った世界ランキング8位の中国の選手に、1対1の勝負で完封された。**初めて味わう屈辱だった。「日本から出たら全然ダメだと思い知らされた。しかし挫折は同時に新しい世界を教えてくれるのだ。**ひたむきさを取り戻した渡嘉敷は、今も上を目指して戦っている。

左投げでプロに復帰して、みんなを驚かせてやる。

大塚晶文（中日ドラゴンズ 二軍投手コーチ）

※発言時は野球浪人中。

68

PHILOSOPHY FOR SURVIVORS

100

日本代表の「守護神」だった男は、長野の小さな球場でマウンドに立っていた。大塚晶文。近鉄、中日、そしてメジャーリーグのパドレス、レンジャーズで、クローザーとして活躍。第1回WBCでは胴上げ投手にもなった。その男が現役生活最後の1球を投げたのは、メジャーでもなく、日本のプロ野球でもない独立リーグの最終戦だった。

悲劇はいつも突然やってくる。テキサス・レンジャーズの一員として活躍していた07年、投げた直後に激痛が右ひじを襲った。じん帯の断裂。移植するトミー・ジョン手術は成功したが、痛みは残った。解雇を告げられた大塚は、その後の4年間で、さらに4回も手術。しかし、右ひじの痛みが消えることはなかった。

すると、大塚は思いがけない行動に出た。なんと左で投げる練習を始めたのだ。当時の心境が右の言葉だ。**利き腕が回復しないなら、左投げに転向しようと本気で考えた。「残能全開」。残された能力を出し切って常識を打ち破ればいい。**5ヶ月後には直球がミットを鳴らし、70mの遠投が出来るまでになった。左投げに挑んだことが、結果的に右ひじの休養につながり、痛みも消えた。13年、帰国した大塚は、独立リーグの信濃グランセローズへ入団。14年からは選手兼監督として、本格的な復帰を目指した。その2年間で右ひじは回復。だが、ひじをかばった影響で、右肩を痛める結果に。ケガから7年後、現役に別れを告げるため、1打席限定の最終登板へ。決め球だった縦のスライダーで三振を奪ってみせた。

プロ復帰を目指し、常識に囚われず挑み続けた大塚。現在はその経験を活かし、古巣の中日ドラゴンズで、二軍投手コーチとして後進の指導に励んでいる。

五輪に行けなく
したのは僕。
そのリベンジを
果たすのは
五輪しかない。

荻野正二（プロバレーボール選手）

69

PHILOSOPHY FOR SURVIVORS

100

責任感によって突き動かされていた。1964年の東京五輪以来、7大会連続（80年モスクワは不参加）で五輪に出場していた男子バレーボール。国民の誰もが出られて当然の競技だと考え、荻野も出場できないことなど許されないと思っていた。しかし、荻野の世代が中心となっていた96年の代表チームがアトランタ五輪出場を逃す。それを機に、シドニー五輪、アテネ五輪も出場できず。荻野はその当時の監督との衝突や怪我もあって98年以降は代表メンバーから姿を消していたが、低迷の責任を誰よりも感じて苦しんでいた。

そんな荻野を代表に呼び戻したのは、92年のバルセロナ五輪でともに戦った植田辰哉だった。05年に3年後の北京五輪に向けた代表の監督を任されると、当時35歳の荻野を迷わず召集。「お前と心中する」とまで言ってキャプテンにも指名した。**後輩たちを五輪に連れて行くべく、荻野は練習から一心不乱にボールに向かって飛び込み、背中で語りかけた。**植田もあえてベテランの荻野を厳しく追い込んだ。他のメンバーたちは「荻野さんがあれだけやっている」と口を揃え、奮起した。チームが1つにならなければ勝てない。植田が荻野を呼んだ大きな狙いはそこにあった。

果たして、植田ジャパンは実に16年ぶりとなる五輪出場を勝ち取った。夢舞台で荻野の後輩たちはかけがえのない経験をすると同時に、日本バレーを支え続けた男の情熱というバトンも受け取った。

もう一度、大きな舞台で戦いたい。

潮田玲子（バドミントン選手）

70

PHILOSOPHY FOR SURVIVORS

100

潮田は苦しんでいた。自ら選んだ道なのに、思うようにいかない。結果が出ない。このまま続ける意味はあるのか。6歳から始めたバドミントン人生の中で、もっとも辛い時期だったのではないだろうか。

「オグシオ」の愛称で、同僚の小椋久美子とともに、一躍日本中の注目を集めた潮田だったが、北京五輪ではメダルに届かなかった。打ちのめされ、バドミントンから離れた時期もあった。が、再びコートに戻ってきた。右の言葉は復帰したときの第一声だ。

しかし、以前とは違う苦しさが待っていた。メダルを狙うために、選手層の薄いミックスダブルスへ転向したが、それは男子選手の300km/hを超えるジャンピングスマッシュを受け続けることを意味した。

スピード、パワーとも女子とは段違い。女子ダブルスを続けたほうがよかったのかもしれない。後悔の思いが募る。苦しみ抜いた潮田は、これまで磨き続けてきた自分のバドミントンを、一度、捨てようと決断した。男子のスピードに対応するため、スイングをコンパクトに改造したのだ。変わらなければ、未来はない。

12年、潮田は二度目の五輪となるロンドン大会へ出場した。1勝2敗で予選リーグ敗退。**北京には及ばない成績だったが、おそらく前回を超える達成感を抱いただろう。自ら選んだ道を歩き続けることができたのだから。**

黙らせたい。

松井裕樹
（東北楽天ゴールデンイーグルス 投手）

71

PHILOSOPHY FOR SURVIVORS

100

プロ2年目、19歳にして岐路に立たされた。指揮官からセットアッパーへの転向打診。それも突然のことだった。

前年にゲーム途中からの登板が10試合あったとはいえ、「勝利の方程式」の一角として投げるのとではまったく違う。そもそも楽天には、田中将大の後継者と見込まれて13年のドラフト1位で入団。自分でも「ゆくゆくは超えていけるように頑張っていきたい」と、先発投手陣の柱になることだけを目指してやっていた。それだけに最初は「(気持ちの)整理がつかなかった」のも当然で、戸惑いはもちろん、不安も芽生えた。経験がないだけでなく、自分ではその適性があるのかどうかさえもわからない。しかし、19歳の自分に大事な役割を任せてくれることを意気に感じた。やるからには答えを出したい。松井はすぐに先輩たちに助言を求めた。そして、エースの則本昂大との会話の中で、自分の本質に気づくことができた。則本に「松井は歓声を楽しめる人間だから、ビジターとかで救援した方がいい結果を出せると思う」と振られると、迷わず反応している自分がいた。

「相手が盛り上がっているところをガシーンといきたい」

表情もパッと明るくなる。覚悟が決まった瞬間だった。自分の年齢、相手が誰であろうと左右されることはない。右の強気のコメントは、そのときに飛び出した。

覚悟を持った人間は強い。松井のピッチングが、それを証明している。

スケートの現役を
満足して終えたい。
それが五輪の舞台
だったらいいな。

荒川静香
（フィギュアスケート トリノ五輪金メダリスト）

72
PHILOSOPHY FOR SURVIVORS
100

夢や目標は大きいほどいい。その目標が大きければ大きいほど、一歩一歩、着実に歩まなければいけない。荒川静香はそれを知っていた。

五輪という大舞台で現役を終えたい――荒川には大きな目標があった。目指すは金メダル。04年の世界選手権で頂点に立ったことがある彼女に、他の色のメダルは思い浮かばなかったはずだ。しかしトリノ五輪の前のシーズン、彼女は極度のスランプに陥っていた。

シーズンの開幕前、荒川は練習の拠点をアメリカに移した。一見すると大胆な行動だが、その裏には冷静な自己分析があった。世界トップクラスの技術を持つ荒川にとって、この時点で最も必要なのは演技プログラムの構成を練りあげること。五輪の金メダリストを7組も生み出した名コーチ、タラソワの指導を徹底的に受ける。そのための環境を求めた結果が渡米だった。周囲は驚いたが、彼女にとっては熟考した末の結論だった。

自分の課題を的確に見つけ出して、ベストの解決策を考え抜く。方針を決めたら、もう迷わず突き進むのみ。

トリノ五輪の4ヶ月前に開催されたシーズン開幕戦、結果はイリーナ・スルツカヤに力の差を見せつけられ2位。しかし、荒川に焦りはなかった。

「シーズンを着実にこなせば、見えてくるのが五輪」

その言葉どおり、目標を達成するために最大限の努力をした彼女は、アジア人としてフィギュアスケート女子シングル初の金メダルを手にして競技生活を終えた。

自分の中で一回、死んでいるので。

上田桃子（プロゴルファー）

73

PHILOSOPHY FOR SURVIVORS

100

人間、誰しも壁にぶつかることがある。ぶつからない人は、より高いレベルに挑戦していないだけなのだ。そして人間の真価は壁にぶつかったときに問われる。

史上最年少の21歳で日本の賞金女王に輝いた上田桃子は、「勝つまで帰ってこない」と公言して渡ったアメリカで、大きな壁にぶつかった。

日本とは違う硬いグリーンに苦しみ、ゴルフ人生初のスイング改造に取り組んだ。だが、「右利きが左利きになる」ような改造の結果、豪快なスイングは陰をひそめ、持ち味の強いメンタルも崩れてしまった。6年間、アメリカでもがき苦しんだ上田は、「アメリカでダメだった負け犬」という批判を覚悟の上で帰国した。

日本へ戻ってきた上田は、「壁」を登りはじめた。「1からではなく、ゼロから積み上げる」と、アメリカで見えてきた自分の弱点に正面から向き合った。まず体の動かし方から見直し、基礎体力の向上にも励んだ。食生活を改めるため料理教室にも通いはじめた。

そんな上田の原点は右の言葉にある。一度、死んでいるのだから、プライドなんていらない。何と言われようが、自分が納得するまでゴルフをつきつめよう。

いま、壁にぶつかっているのなら、とことんまで、もがいてみよう。上田でさえ、すぐに壁を登りはじめたわけではない。何年も苦しんだ末に、登りはじめることができたのだ。もがき続けたからこそ、リスタートできる。そのことを上田の姿が教えてくれる。

足りないものがあるなら、何が出来るかを考えなければいけない。

宮崎大輔（プロハンドボール選手）

74

PHILOSOPHY FOR SURVIVORS

100

日本のハンドボール史上もっとも盛り上がった一戦で誰よりも注目を浴びたエース・宮崎の身長は175cm。そのときの日本代表の平均身長は185cmであるから、その体はひと際、小さく見えた。

08年1月30日の北京五輪予選。一度は前年9月に参加5ヶ国によって開催され、1位のみが出場権を獲得できる中、日本は3位に終わって20年ぶりの悲願はついえた。だが、審判が中東諸国に有利な判定を行う、いわゆる「中東の笛」を国際ハンドボール連盟が問題視し、やり直しを決定。中東3カ国がボイコットし、日本と韓国による一騎打ちとして世紀の決戦は行われた。会場となった代々木第一体育館は、日本ハンドボール史上最多の10257人の観客がスタンドを埋め尽くす超満員。「ハンドボールをメジャー競技に」と常々考えてきた宮崎にとって、それまでの努力の成果を見せる最高の舞台だった。

身長が低いのなら、人より高く跳べばいい。そのために肉体を鍛え上げ、垂直跳びが90cmを超える驚異的なジャンプ力を身につけた。バレーボール選手の両足ジャンプを真似するなど、跳び方も試行錯誤した。結果、2mを超すような相手の上からでもシュートを放てるようになった。

試合には惜敗して北京五輪への出場はならなかったが、宮崎は誰よりも存在感を発揮して仲間を牽引した。**自分で限界を作ってはいけない。**

マイナーリーグの
経験は決して
無駄ではなかった。
それを活かすため、
また努力する。

入来祐作（横浜ベイスターズ 投手）

周囲の目は決して温かいものばかりではなかった。いや、むしろ冷やかな視線を何度も感じたことだろう。96年にドラフト1位で巨人に入団し、01年にはチーム最多の13勝をマーク。その頃ならまだしも、05年の日本ハムでの成績は28試合で6勝7敗。「そんな成績で通用するはずがない」というのが、入来が野球人生を懸けて決断したメジャーリーグ挑戦への多くの見立てだった。だが、入来は自分の力をアメリカで試してみたかった。

06年1月、ニューヨーク・メッツとメジャー契約。しかし、オープン戦で結果を出せず、3Aに降格。オフに戦力外通告を受けた。トロント・ブルージェイズと契約できたが、結局、2年間で1度もメジャーのマウンドに立つことなく帰国した。端から見れば2年間を棒に振ったということになるかもしれない。だが、精一杯やった自負がある入来は、日本の球団で必要としてくれるところがあると信じ、見事に横浜のテストに合格。1年限りでの現役引退後は打撃投手を経て用具係に転身。「いつかは指導者に」という願望を持ちながら裏方の仕事を全力で行った。そんな実直な姿を見ていたソフトバンクの工藤公康監督が声を掛け、入来は15年から三軍投手コーチに就任。憧れの指導者となった。

誰の人生だって節目はあれども、その前後が途切れることはない。成功も、失敗も1本の道で繋がっている。**嫌な事だけ切り離すわけにはいかない。だから何が起きても次に活かせばいい。**入来の生き様は、そのことを教えてくれている。

お父さんのためにがんばろうと思って、追いこんでいます。

斉藤立（柔道選手）

76
PHILOSOPHY FOR SURVIVORS
100

「稽

古に行け」。これが父の最後の言葉だった。

父の名前は斉藤仁。ロス五輪、ソウル五輪の2大会連続で金メダルを獲得し、日本代表の監督も務めた歴史に残る柔道家だ。息子の名前は立（たつる）。父がガンで世を去ったとき、立は180cm、130kgを超える巨体をふるわせて泣いた。父はまだ54歳、息子は12歳だった。

柔道を教えてくれたのは父だった。指導者として何人もの五輪メダリストを育てた父は息子の才能を見抜いていた。だから容赦しなかった。いつでも、どこでも指導が始まる。自宅の前、家族旅行の途中…。優しい父が稽古になると鬼になる。そのおかげで小学生のとき全国制覇を果たすことができた。

いま息子は、夢の中で父に懇願する。「柔道を教えて」。父は夢の中で息子にこう語る。「いつも見守っているよ」。その言葉を聞いた息子は安心して目が覚めた。

右の言葉は中学2年生の息子が口にした言葉だ。夢は五輪の金メダル。得意技は父と同じ「体落とし」だ。相手のプレッシャーも利用して、すばやく体の軸を回転させることで鮮やかに投げる技だ。

今後の柔道人生で、偉大すぎる父の名前が重圧になることもあるだろう。しかし息子は、そんな雑音を鮮やかに体落としで投げ捨てて、前へ進むに違いない。

立ち止まって
耳を澄ませば、
普段は聞き
逃している音も
聞こえてくる。
その中に
自分の鳴らしたい
音がある。

熊谷和徳（タップダンサー）

77
PHILOSOPHY FOR SURVIVORS
100

世界が認めた日本人タップダンサー、熊谷和徳。14年にはタップ界最高の栄誉とされる「フローバート賞」を日本人として初めて獲得した彼のタップダンスは、すべて即興で生み出される。右の言葉は、その創作の手法を明かしたものだ。

77年、仙台に生まれた熊谷がタップダンスに魅了されたのは15歳のときだ。アメリカのトップダンサー、グレゴリー・ハインズ主演の映画「タップ」を偶然、テレビで観て、主人公が刑務所でタップを踊る冒頭のシーンに衝撃をうけた。

小さい頃から体が弱く、内向的な性格だった熊谷少年にとって、鉄格子の中で、もてあますエネルギーを発散している主人公の姿は、心のなかの自分と重なったに違いない。すぐに熊谷はタップダンスを習い始めた。

タップダンスが熊谷の人生を決めた。高校主催の行事でアメリカに行き、初めて人前でダンスを披露すると、満場の拍手を浴びたのだ。卒業後、プロを目指して渡米。いまや「日本のグレゴリー・ハインズ」と言われるまでになった。

「自分のやりたいことが分からない」と悩む人は少なくない。そんなときは、熊谷の人生に、そして彼の創作手法に学んでみよう。**立ち止まり、心の声にそっと耳を傾けてみる。耳を澄ませば、若き日の熊谷のように、運命的な出会いに気づく第一歩になるかもしれない。**

僕にしか出来ないことをこれからも証明しつづける。

井岡一翔（プロボクサー）

78

PHILOSOPHY FOR SURVIVORS

100

叔

父は日本人最年少の18歳9ヶ月で世界王者になった伝説のボクサー。そして父も、元プロボクサーでトレーナー。こんな血筋に生まれなければ、井岡一翔がボクシングを始めることはなかっただろう。しかし重荷でもあった。「将来はチャンピオンになるね」。こう言われるのがイヤだったという。

井岡は悩んだはずだ。「井岡弘樹の甥だから」ではなく、自分だから出来ることは何か、と。俺は一体、何者なのだ。この問いかけを繰り返すことで、人生の目標が定まることがある。**生きる目標が見つからないのなら、まずは自分を見つめてみればいい。答えは自分の中にあるはずだ。**井岡の結論はこうだった。

「5階級制覇までいったら、唯一無二の存在になれるんじゃないか」

21歳のとき、当時、国内最速となる7戦目で、叔父と同じWBC世界ミニマム級の王座を獲得した。その後、ライトフライ級に転向し、再び王座獲得。右の言葉は、ライトフライ級を初めて防衛した後、リング上で井岡が語ったものだ。

15年4月、井岡は二度目の挑戦で、ついに叔父がなしえなかった3階級制覇を達成した。試合後、「これからも夢に向けて挑戦したい」と語った井岡の目は、日本人では誰も果たしていない5階級制覇を見据えていた。

自分の決断は、間違っていなかった。

西堀健実（プロビーチバレーボール選手）

79

PHILOSOPHY FOR SURVIVORS

100

自分たちで出来ることはやってきた。周りの協力者にも十分、力を貸してもらった。それでも、結果が出ない。浅尾美和とペアを組んだ約5年間、1度も優勝することができなかった。西堀はどうしたら強くなれるのかと、もがき続けていた。

バレーの名門・古川商業高（現・古川学園高）で主将を務め、春高、全国高校総体、国体優勝の「高校三冠」を達成。卒業後はVリーグのJTマーヴェラスのリベロとして活躍。03年、21歳のときにビーチバレーに転向し、05年から浅尾美和とコンビを組んだ。「ビーチの妖精」と呼ばれた浅尾は抜群の人気を誇り、勝っても負けてもメディアは浅尾・西堀ペアを取り上げた。西堀は違和感を覚えずにはいられなかった。

「普通だったら勝った人が一番取り上げられるじゃないですか。でも変に脚光を浴びちゃって。気にしていたら、やっていられないっていうのもあるんですけど、いちいちそういう周りの反応を気にしちゃっていたんです」

そうした環境では自分は力を出せない。ひとつの結論を導き出し、浅尾に別れを告げた。それから半年。浦田聖子との新コンビで臨んだ初の大会で西堀は、浅尾ペアを破って自身初優勝を果たした。

人生には何度も分岐点が訪れる。時に立ち止まり、遠回りすることもある。だが、最後は自分の決断を信じて進むしかない。

最後まで諦めずにいけたのでよかった。

土佐礼子
（陸上競技 女子マラソン選手）

見のんびりしているように見える。闘争心むき出しという感じではない。しかし裏を返せばあまり自己主張をしない彼女のようなタイプこそ、強情な人なのではなかろうか。

土佐の最大の武器は粘り強さ。30㎞を越えてから発揮するその粘りで、01年〜07年まで出場した全ての国際大会で上位入賞を果たしている。

学生時代は全くの無名選手。社会人の三井海上（現三井住友海上）でも「入った時は中学生レベルの記録だったから出す種目が無かった」と当時の恩師、鈴木秀夫監督は言う。だが、人並み外れた努力で驚異的な成長を遂げた。

04年に大学の陸上部の先輩、啓一さんと結婚。「すべてを任せてます」と土佐が言うほど、公私ともに最高のパートナーを得た。

07年、世界陸上女子マラソン直前、土佐は合宿中に左足に大きなケガを負う。「駄目だったら引退する」と、夫に電話で打ち明けて出場した。

レースは史上まれにみる大混戦。残り2㎞の地点で土佐が3位に浮上する。苦痛でゆがむ顔、大きく開いた口…。気力だけで走っていた。夫は沿道を一緒に並走し、大声で妻を励ました。その声が、土佐の疲れ切った足を動かしていた。日本陸上界の危機を救った土佐の銅メダル。**諦めない彼女の影には、夫の支えがあった。**北京五輪出場を決め、夫の啓一さんとハイタッチを交わした瞬間、土佐の目から嬉し涙が溢れ出した。

第5章

成功を導く20の言葉

リーダーが次世代を育成するのも重要な使命だ。
自ら培った体験を若き挑戦者に継承した勇者たち。
その20人の言葉と英知に学び、成功を導き出せ。

次の巨人軍を作り上げる。

長嶋茂雄（読売巨人軍 監督）

81

PHILOSOPHY FOR SURVIVORS

100

それは屈辱からのスタートだった。

74年に現役を引退した長嶋茂雄は、即座に華々しく監督に就任。だが1年目の75年は、球団史上初となるまさかの最下位に沈んだ。76、77年はリーグ優勝こそ果たしたが、日本シリーズで敗退。78年は2位でペナントを手放し、79年は5位。Ｖ９戦士で残っていた柴田勲や高田繁も衰えが隠せなくなり、長嶋は危機感を募らせていた。**そして、心を鬼にすると決めた。**

79年10月、前例のなかった秋季キャンプを決行。今も語り草となっている「地獄の伊東キャンプ」には80年代、常に優勝を争うチームの主力となる江川卓、角盈男、中畑清、篠塚和典、松本匡史ら若手18選手が参加。早朝から深夜まで野球漬けの1ヶ月を送った。ピッチャーは1日400球の投げ込み、バッターは1日1000スイング以上のノルマが課された。練習後に温泉の洗い場で寝てしまう選手、寝ながら「もういっちょう」と口走る選手もいた。それでも長嶋の情熱にほだされて見事にやり切ってみせた。さらに長嶋は批判的な声に惑わされることなく角をサイドスローに変え、1番バッターに育てようと考えていた松本の俊足を生かすため、打球をホームベースの上に叩きつけろと長嶋らしく教えた。何かを大きく変えるには、それまでの常識に囚われていてはいけないのだ。

80年は3位に終わり、長嶋は辞任。それでも翌年、8年ぶりの日本一に輝くなど、長嶋が育てた若者たちが「次の巨人軍」を形成していった。

俺はもう
監督なんだ。
「世界の王」
じゃない。
そういうものを、
まず外さないと。

王貞治
（福岡ソフトバンクホークス 取締役会長）
※発言は、ホークスの監督に就任した時を振り返ったもの。

82
PHILOSOPHY FOR SURVIVORS
100

強い組織とは何か。その答えは様々だが、「メンバー全員が目的を共有して、それを達成するために一丸となれる組織」が強いのは間違いない。88年に監督を退任するまでの30年間、巨人にいた王貞治はこう語る。

「チームが優勝するため、勝つためにやるんだ。ジャイアンツの場合、事務の女性でもそういう思いを持っている」

そんな組織から、17年間連続Bクラスのホークスへやってきたとき、王はチームの空気を入れ替える必要性を強く感じた。そのために自分から選手へ歩み寄り、選手と積極的にコミュニケーションを図る必要があった。

当時の思いが右の言葉だ。**マネージャーが一方的に命令しても、プレイヤーのパフォーマンスは向上しない。チームが一丸となることもない。**このことを巨人の監督時代に経験していたのだろう。とはいえ、どうしても選手は「世界の王」という目で見てしまう。選手との距離を縮め、チームの意識を改革するには5年もの歳月が必要だった。その間、ファンから生卵を投げられるという屈辱も経験した。

それでも、王の強い意志は揺るがなかった。監督在任14年間で、優勝3回、10年連続でAクラスという強いチームに生まれ変わらせたのだ。「世界の王」という称号を自ら外すことが、「名監督」という新しい称号を得る第一歩だった。

俺はこれを今後、
どうしても
学ばにゃいかん。
そういう
テーマを持って
グラウンドに
出て来なきゃ、
意味ないぞ。

原貢（東海大相模高校 野球部 監督）

83

PHILOSOPHY FOR SURVIVORS

100

1965年、疲れきっていた福岡の炭鉱町を熱狂させた男がいた。原貢。30歳の青年監督は三池工業高を率いて甲子園初出場、そして初優勝を果たす。喜びに湧く町の人たちを見て、野球を始めた7歳の少年がいた。のちに巨人で4番の座に座り、監督を二度も務めることになる、息子の辰徳である。貢が亡くなったとき、息子は父の口癖を紹介した。

「人生は挑戦だ。常にチャレンジだ。ボロは着てても心は錦。勝負に、人生に、堂々と立ち向かっていきたいものだ」

優勝の翌年、請われて神奈川県にある東海大学付属相模高の監督に就任したとき、このような気持ちだったのではないだろうか。

スパルタ練習で知られたが、貢は単なる根性論者ではない。当時はタブーだった練習中の水分補給を選手にすすめていた。また、100人を超す部員全員への目配りを怠らず、ときに控えの選手を一軍に引き上げた。大きくなれば組織は緩みがちだ。貢は巧みなマネジメントで、チームを引きしめたのだった。

東海大相模高の監督時代、息子の辰徳ら選手たちを前に、貢が指導している映像が残っている。その中で語られたのが右の言葉だ。没後、息子は父について、こうも言った。

「野球が大好きであり、人づくりが大好きでした」

その程度の能力でも
東大ごときは
受かるかもしれない。
でも野球の勝負事には
その程度の能力では
勝てない。

青木秀憲（開成高校 野球部 監督）

日本一の進学校、開成高校では、野球部員の多くも東大進学を目指す。勉強という世界では圧倒的な強者である彼らに、青木秀憲監督は、あえて右のような厳しい言葉を投げかける。彼らのマインドをリセットするためだ。グラウンドでは弱者なのだから。

東大野球部出身の監督によると「大半は高校で野球をやってはいけないレベル」だという。その上、練習でグラウンドを使えるのは週に一回、3時間だけ。「不利な状況だからおもしろい。勝負には意地でもこだわりたい」と監督が語るように、彼らは本気で勝利を目指している。

勝つための戦略は明確だ。打って勝つ。守備を鍛える時間も、場所も、選手の資質もない。相手の得点を抑える堅実な戦術では、「力のない側は堅実に負けていく」（監督）。だからグラウンドでは、ひたすらバッティング練習に励む。

もっとも、選手にとってグラウンドは単なる練習の場ではない。普段、選手たちは自分のバッティングを自分で分析し、校舎の廊下や校外のバッティングセンターでスキルアップに励む。グラウンドは、その成果を披露する場なのだ。自分の課題を正確に把握して、それに真正面から取り組んで成長できた者だけが、試合という晴れ舞台に立てる。

ある部員は野球に取り組む理由をこう語る。「勉強より勉強になるから」。**不利な状況をものともせず、自分の課題から逃げない頼もしき男たちは、グラウンドで育つ。**

昨日は出来ても、
今日、出来ない
こともある。
その繰り返しだ。

川相昌弘
（中日ドラゴンズ　一軍内野守備・走塁コーチ）

85

PHILOSOPHY FOR SURVIVORS

100

高校時代は甲子園を沸かせたエースだった。巨人にも投手として指名された。

それでも生き残るために、野手へ転向する。

高校時代は4番だった。それでも生き残るために、守備とバントの技を磨いた。主役から、いわば脇役になるという決断が、世界記録となる通算犠打533、ゴールデングラブ賞6回という輝かしい記録につながった。

現役時代、川相は毎日、ノートに対戦相手の印象、配球、そして監督やコーチの言葉を書き残していた。現役引退後に中日のコーチに就任した川相は、そのノートを読み返した。右の言葉は、現役生活を振りかえり、川相がたどりついたコーチ哲学である。

分かっているつもりになっている選手も、実は分かっていないことがある。だからコーチは同じことを何度も何度も口にする。そうすることで選手は成長していくのだ。自分もそうだったではないか。代走や守備固めといった地味な役からプロ生活は始まった。レギュラーの座を獲得したのは入団7年目。それから7年後には選手会長になっていた。

引退から1ヶ月後、川相は、ひとりナゴヤ球場でノックの練習を繰り返していた。**立場は変わっても、そのポジションで求められる技術を磨きあげる姿勢は変わらない。**

そんな彼を周囲は放っておかない。いま古巣の巨人でコーチを務める川相は、入団した82年以来、一度もプロ野球のユニフォームを脱いだことはない。

オリンピックに魔物なんていない。勝つべき人が勝つ。

井村雅代
（シンクロナイズド・スイミング コーチ）

86
PHILOSOPHY FOR SURVIVORS
100

スパルタ指導で知られる井村雅代だが、戦略家という顔はあまり知られていない。06年に一度、日本代表コーチの座を退いた井村は、北京五輪でメダルを狙っていた中国代表のコーチへ就任した。日本では「裏切り者」という感情的な反発もあったが、そこには日本の将来を思った井村の大きな戦略があった。シンクロ界の主流はロシア式だ。採点基準への影響力は大きい。それに対抗するため、日本式シンクロを取り入れる国を増やそうとしたのだ。それが結果的に日本の地位を高める、という計算があった。

井村の戦略思考は、プログラムの構成にも反映された。これまで不愛想なイメージのあった中国の評価を変えるため、満面の笑顔を浮かべながら、審査委員たちの前を立ち泳ぎで通過する場面もプログラムに盛り込んだ。そこにも計算があった。立ち泳ぎは体力をあまり使わない。これは体力不足の中国選手を休ませるための構成でもあったのだ。

中国に銅メダルをもたらした井村は、続けてロンドン五輪を目指すことになったとき、「目標は北京以上の成績。銅メダルをとったら失敗」と宣言して、チーム全体に目標を共有させた。その上で強化ポイントを「伸び」「高さ」「安定性」といった基本技術に絞りこんだ。**すべてを強化する時間はないが、世界一といえる部分がなければメダルは争えないからだ。「選択」と「集中」で、結果は目標通りの銀メダル。**

いま井村は日本代表のコーチに復帰している。右の言葉が実に頼もしい。

守るところがあるから打席に立てる。バットが先じゃなく守備が先。

高代延博

（WBC日本代表 守備・走塁コーチ）

87

PHILOSOPHY FOR SURVIVORS

100

その姿を見た瞬間、ギョッとしたに違いない。13年の第3回WBCの台湾戦。三塁を回った走者の目に、グラウンドに寝ころぶ三塁ベースコーチの姿が飛びこんできたのだから。そのコーチの名を高代延博という。

三塁で走者を止めたいが、大歓声で声が届かない。走者は下を向いて全力疾走している。その状況を瞬時に判断して、とっさに体をグラウンドへ投げ出したのだ。人呼んで「日本一の三塁コーチ」。8球団で20年以上もコーチを務め、WBCでは2大会連続でコーチに選出された。守備・走塁で球界屈指のスペシャリストだ。

現役時代から守備力に定評があった。奈良の智辯学園、法政大、東芝を経て79年にドラフト1位で日本ハムに入団。1年目からゴールデングラブ賞を獲得した。だが、打撃は勝手が違った。六大学では首位打者を獲得したが、プロ実働11年間で3割に到達したことはない。その経験から生まれた、プロとしての哲学が右の言葉だ。

人は誰でも「得点」を挙げたがる。野球選手なら長打を狙うし、会社員なら大きな契約を取ろうとする。しかし試合に出られなければ得点のチャンスはない。では、試合に出るために必要なこととは? それが本人の努力次第で高められる堅実な「守備」なのだ。**派手な成果ばかりを求めて、普段の地道な努力を怠ってはならない。**

高代は、14年から阪神の内野守備・走塁コーチとなり、その地味な肩書きに何より誇りを持ち、チームの勝利に貢献してきた。そして、広島のコーチ時代に指導した金本知憲が監督に就任する16年からは、一軍ヘッドコーチとしてチームを支える。

血液が沸騰するぐらい、熱く、熱くなって戦うのが本当のチームだ。

原辰徳（読売巨人軍 監督）

88

PHILOSOPHY FOR SURVIVORS

100

右は原辰徳が二度目の監督就任時に宣言した言葉だ。選手たちの熱をあおるため原は明快な方針を貫いている。実力至上主義。チーム内の競争を徹底した。

たとえばセンター。14年の開幕前、紅白戦で結果を出せなかった中堅の松本哲也は二軍行き。ゴールデングラブ賞をとった実績など関係なかった。代わりに若手の橋本到を起用したが、オープン戦で結果を出せないと即、交代。その翌日、マンツーマンで橋本を指導する原の姿があった。このシーズン、レギュラーの座を獲得したのは橋本だったが、松本、同期の大田泰示との競争は続いている。

激しすぎる競争は、お互いの足の引っ張り合いになり、ときとして組織がバラバラになってしまう恐れがある。その点も原はぬかりない。

「ジャイアンツという大きな神輿をみんなで担いでいるとき、神輿の上に乗ったり、下から引っ張ったりするヤツに、ユニフォームを着る資格はない」

組織論の世界には、「絆」や「愛着心」を意味する「エンゲージメント」という用語がある。**エンゲージメントの高い組織では、メンバー全員が組織の目標を理解し、上からの命令がなくても、目的達成のために体を張る。**原はエンゲージメントを「神輿」という言葉で表現し、チームへの強い忠誠を求めているのだ。

いまも変わらぬ甘いマスクの下には、マネジメントの名手という顔が隠れている。

斎藤佑樹君じゃないけど、〝持っている〟と思えば、平凡な子でも力を出せる。

長澤宏行
（創志学園高校 野球部 監督）

89
PHILOSOPHY FOR SURVIVORS
100

創部わずか10ヶ月という史上最速で、11年春のセンバツに初出場を果たした創志学園高校。出場決定の朗報が届けられた日、長澤監督は「信は力なり」を再確認していた。中学時代に目覚ましい活躍をした選手がいたわけではない。それでも聖地への切符を勝ち取れたのは、「持っている男」斎藤佑樹のように、自分もヒーローになれると信じて力を発揮してくれたからだと説明した。

長澤監督は過去にも教え子が無限の可能性を示した場面に遭遇している。夙川学院高校女子ソフトボール部の監督として16度の全国制覇、アトランタ五輪日本代表ヘッドコーチとして4位入賞などの実績を買われて転身した神村学園高校野球部監督時代のこと。創部2年でセンバツ大会に出場した選手たちが、その勢いを駆って甲子園でも準優勝したのだ。

選手たちの能力を最大限に引き出すための重要なツールとなっているのが「野球ノート」である。練習や試合での課題や感想などを毎日書かせて、それに目を通すだけでなくアドバイスやメッセージを書き込んで返している。〈俺も命をかける!!お前も全力でやれ!〉と熱くペンを走らせたこともある。

密なコミュニケーションを重ねて選手の特徴や考えを把握し、変化を見逃さない。そして、それぞれの持つ能力を理解させ、信頼し合って戦う。だからこそ、短期間で好結果を出せているのだろう。

ズタズタに
噛まれてもいい。
そう思えるくらい
心を相手に
出すのです。

堤秀世（伊豆シャボテン公園 名誉園長）

90

PHILOSOPHY FOR SURVIVORS

100

とかく信頼は難しい。得るのに時間はかかるが、失うのは一瞬だ。自分が相手を信頼していても、裏切られることだってある。

人間同士でも難しいそんな信頼関係を、チンパンジーとの間で築いてきた男がいる。堤秀世。13年に引退するまでの約40年間、チンパンジーの飼育・調教に携わってきた。堤のリードで、チンパンジーは5mもの高さの竹馬を操り、自転車を乗りこなし、なんと手話まで理解する。首輪も綱もつけず、世界でも類を見ない高度なステージが展開される。

堤がチンパンジーの調教担当になった70年代、世間の風は冷たかった。「ムチでうって芸をさせるなんて動物虐待だ」と言われていた。そこで堤は決心した。「ムチでうたなくても、動物と心が通じればショーはできる。それを証明してやろう」。

試行錯誤の末に、たどりついた境地が右の言葉だ。

「噛まれたらぶん殴り返す、そう思っていたら相手も信頼しません。まず相手を徹底的に信頼するのです。そしてはじめて相手からも信頼してもらえる」

堤のステージは、「ショー」ではなく「学習発表会」という。見世物ではなく、あくまで、チンパンジーの生態や能力、トレーニングの成果を披露する場なのだ。「〝教える者〟と〝言うことを聞く動物〟ではなく、チンパンジーと私は本当の相棒」

長い経験に裏づけられた堤の言葉には、人間関係にも通じるヒントが詰まっている。

選手たちに必要だと言ってもらえるように、自分も真剣勝負していきます。

吉田義人
（7人制ラグビー・サムライセブン 監督）

91

PHILOSOPHY FOR SURVIVORS

100

「7人制ラグビー」という競技がある。1チーム7人でチームを組むが、グラウンドの広さは15人制と同じなので、人数が少ないぶん接触プレーは減り、よりスピードが求められる。この7人制ラグビーがリオデジャネイロ五輪から正式種目に採用されることになった。

ところが日本には7人制のスペシャリストが少ない。そこに1人の男が声をあげた。吉田義人。名門中の名門、明治大学で主将を務め、日本代表としてW杯に2回出場、世界選抜に3度も選ばれた伝説の男が、7人制専門チームを結成したのだ。

吉田は大胆にも他の競技のアスリートにも門戸を開いた。すると五輪を目指して、プロ野球、陸上、アメフトなどから選手が集まった。右の言葉は、チーム結成直後に吉田が口にしたものだ。

異競技の人間を採用することは、大きな賭けだった。ポテンシャルは高いので、短期間で戦力となる可能性はある。しかし、国内トップクラスのアスリートであった彼らのプライドも尊重しながら7人制ラグビーの基礎を叩き込み、世界で通用するレベルに短期間で引き上げるのは容易なことではない。指導力を問われる吉田も、転向してきた選手たちも、五輪に向けた挑戦に真剣勝負の日々だ。

チーム結成から2ヶ月後、ボールの持ち方から指導された男たちは初勝利を挙げた。試合後、「**これから大きな壁もある。厚い壁もある。それをぶち破っていくのは自分自身しかないんだよ**」と、吉田は涙ぐんだ。その言葉は自身の決意表明でもあったはずだ。

コーチとは
「四輪の馬車」
なんだよ。
選手を目的地まで
大切に送り届けるのが
仕事なんだ。

桑田真澄（野球指導者）

92

PHILOSOPHY FOR SURVIVORS

100

戦後歴代1位となる高校での甲子園20勝。プロ野球21年間で通算173勝。メジャーリーグでのプレーと、輝かしい球歴を誇る桑田真澄は、いま少年野球の指導に力を入れている。

野球の指導者を志す、かつての教え子に語ったのが右の言葉だ。スポーツの世界で指導者を意味する「コーチ」という言葉は、もともと四輪馬車を意味している。

「いばったり、怒鳴ったりするのは、コーチじゃないってこと」と、桑田は続けた。

昨今、「コーチ」という言葉はビジネスの世界でも普通に使われている。会社の中には色々な人がいる。能力が高い人、低い人。意欲的な人、サボる人。経験豊富な人、浅い人。マネジメントに携わる人は、そうした集団を率いて結果を残さなければならない。そのために必要なのは、その人のタイプにあったコーチングだ。

「まずは、選手みんなに野球が楽しいと思ってもらう。そのうえで、上手な選手は、さらに上の段階を目指す。そうでない選手も、目標を共有しながら少しずつレベルを上げていく。これが大事なんです。(競争で)生き残った者だけがやればいい、ではないんです」

厳しい生存競争を勝ち抜いた桑田が、生き残った者だけでは「野球ができない」というのだから面白い。桑田は若い選手が失敗しても怒らない。**褒めて伸ばす。野球が好きになれば、無理にやらせなくても自ら進んでやる。コーチが若い人とともに悩み考え、喜ぶ伴走者になる。こうした姿は、スポーツとビジネスの共通点なのかもしれない。**

一流の人の経験は、どの世界にも通じる。桑田の言葉はそのことを教えてくれる。

何も出来あがっていないチームを強くできたら、これから先もできる。

大越基（早鞆高校 野球部 監督）

93

PHILOSOPHY FOR SURVIVORS

100

輝ける未来が約束されていたはずだった。89年、150km近い剛速球を武器に、大越基は仙台育英高（宮城）のエースとして甲子園では準優勝。進学した早稲田大学では、1年生ながらエースとして春の優勝に貢献したのだから。

ところが…体質になじめず、野球部を1年で辞めたときから、波乱の野球人生が始まった。野球から離れ、ついには大学も退学。福岡ダイエーホークス（当時）にドラフト1位で入団して、一度は日の当たる場所に戻ってきたが、プロではピッチャーとして通用しなかった。野手へ転向するも、代走や守備固めでの起用が中心だった。そしてプロ入り11年目のシーズン終了後、戦力外通告を受ける。

それから6年、大越は高校野球の監督としてグラウンドに帰ってきた。当時は規約が厳しく、監督の資格を得るために、大学へ入学しなおして教員免許を取得し、早鞆高校（山口）で2年間、体育教師として勤務しなければならなかった。

野球名門校からの誘いもあった。しかし大越は、低迷するチームで指導者としてのキャリアをスタートさせた。その理由が右の言葉だ。挫折して、遠回りしたからこそ分かる。成功に近道はないのだ。だから大越は選手に練習を強制しない。**選手が自分で考え、自分で動かなければ、本当の力は身につかない**ことを知っているからだ。

監督就任から、わずか2年半。大越は監督として甲子園のグラウンドに立った。あの栄光から23年の月日が流れていた。

指示されることは楽。
言われたことを
すればいいだけだから。
でもそれだと、
面白くないんじゃ
ないかな。

中田久美（女子バレーボール 監督）

94

PHILOSOPHY FOR SURVIVORS

100

心理学には「内発的動機」という言葉がある。自分の心の中から自然と湧いてくる「やろう」「やりたい」という気持ちのことだ。その反対は「外発的動機」と言って、報酬やペナルティといった「アメとムチ」を外側から与えることで、「やらなきゃ」と思わせることだ。こうした**外からの刺激よりも、内発的動機のほうが、質の高い行動が長く続けられる**という研究がある。

V・プレミアリーグ史上初の女性監督として、久光製薬スプリングスを率いている中田久美は、この内発的動機を大事にしている。

15歳で全日本入りし、全盛時には「世界一のセッター」と言われた名選手。それだけに彼女の指示は、選手にとって絶対だ。しかし中田は指示命令型のコーチングを避けて、選手たちが自分で考え、答えを出すのを待つ。これは中田の恩師で、全日本女子、日立の黄金時代を築いた故山田重雄氏の指導論だ。

「自覚を持たせる、責任を持たせる」

これが中田の育成方針だ。監督就任後、入団3年目の若手2人をレギュラーに昇格させた。これでモチベーションが大幅アップしたのだろう。2人は全日本メンバーに選ばれるほどの成長をみせた。それが他の選手の刺激にならないわけがない。それまで停滞していたチームは、12~13年のシーズンでいきなりプレミアリーグ優勝を含め、史上初の3冠を達成した。

翌シーズンも、皇后杯とプレミアリーグをともに連覇。世界クラブ選手権に駒を進めるなど、中田の指導力は群を抜いている。

諦めないこと、
自分で何かを創る、
生み出すということ。
それを感じてくれたら。

久保竜彦（プロサッカー選手）

95

PHILOSOPHY FOR SURVIVORS

100

日ごろメディアに登場するサッカー選手といえば、日本代表クラスか、せいぜい国内トップカテゴリーのJリーグでプレーする選手ばかり。だが、日本中には数多くのサッカーチームが存在している。その一つが廿日市FCだ。所属するのはJリーグから5つ下の広島県リーグ。元日本代表の久保竜彦がプレーしているのがこのチームだ。

21歳で代表に選ばれ、Jリーグでは広島や横浜Fマリノスで活躍した久保は、ケガのためW杯にこそ縁はなかったが、抜群の身体能力を誇った記憶に残るストライカーだった。

そんな選手が、なぜ県リーグでプレーしているのだろうか。それも、「自分の力はもう落ちたな」と感じて、一度は引退したのに。

36歳にして久保が現役に復帰したのは、「お父さんみたいになりたい」といってサッカーを始めた娘のためだった。マスコミの注目を浴びていた時代から、自分の思いを口にすることの少なかった武骨な九州男児は、言葉で励ますよりも、必死でプレーする自分の姿を娘に見せることにしたのだ。あえて口にしてくれた思いが、右の言葉だった。

コミュニケーション能力が過大なまでに評価される昨今、口下手は損をしがちだ。だが、いつの時代でも体で発するメッセージは強い。**言葉よりも、まず行動。その姿を周囲は見ている。**

成績は一瞬の評価だが、
そのために君たちが
やってきた努力は、
一生消えることはない。

横田正明
（東京実業高校 マーチングバンド部 監督）

96

PHILOSOPHY FOR SURVIVORS

100

大人数でフォーメーションを組み、約10分間、軽やかに動きながら演奏する。それがマーチングバンドだ。楽器のなかには20kg近いものもある。練習中に過呼吸で倒れる者もいるほどハードな競技だ。

東京・大田区にある東京実業高校は、全国大会に29回出場し、23回も金賞に輝いた名門だ。しかし近年は全国制覇から遠ざかっていたため、私たち取材班が密着した年は、優勝を狙って難易度の高いフォーメーションへの挑戦を決めていた。演奏しながら動く4人×4列の二つのグループが、交差する瞬間に一つの大きなひし形を作るのだ。

マーチングバンドの練習はシンプルでハードだ。歩幅ひとつの細かな単位でメンバー同士の間隔を調整しながら、何度もフォーメーションを繰り返して体に覚えこませる。メンバーの距離があいたり、列が曲がったりすると減点だ。

数ヶ月もの間、練習に打ち込んだ彼らは、最後の練習で難しいフォーメーションを成功させて本番に臨んだ。

が、本番では最後のフォーメーションでミスが出た。それもあって優勝は他校にさらわれてしまった。大会後、監督（当時）は部員に右の言葉を贈った。

努力は裏切らない。この教訓を体で覚えた高校生たちは、他の世界に飛びこんだときも、楽器を抱えて汗だくになった日々を忘れることはない。

勝ち方は自分の手でつかむもの。

貴乃花光司
（大相撲 貴乃花部屋親方 第65代横綱）

97

PHILOSOPHY FOR SURVIVORS

100

幕内優勝22回。「平成の大横綱」といわれた貴乃花は、04年に二子山部屋を継承する形で貴乃花部屋を興し、「5年で関取を育てる」と宣言した。ところが、部屋を継いでから関取が誕生するまでには8年の歳月を費やした。

自身は15歳で入門し、わずか2年ほどで十両の座に。19歳で初優勝し、22歳の時には早くも横綱になった。そんな貴乃花親方からすれば、現在の部屋の状況を決して良しとはせず、焦りやもどかしさも人一倍感じているはずだ。

それでも親方は王道を歩む。指導哲学は右の言葉に表れている。さらにこう繋ぐ。

「私が土俵に立つわけではない。だから答えは言わないようにしている」

体で勝ち方を覚えれば、番付は自動的に上がっていく。相撲界は厳しい社会。関取になったとき、この社会で生き残る力が身についていなければ意味がない。関取になることがゴールではなく、さらなる高みを弟子に目指してもらいたいのだ。

「おもしろい相撲をとる力士を育てたい。熟成させたい」

親方の信念に揺るぎはない。かつて一時代を築き上げた男が、次世代を担う大横綱を誕生させる日も、そう遠くはないはずだ。

自分の野球に甘えをなくす。
自分の野球に言い訳をしない。

掛布雅之
（阪神タイガース GM付育成&打撃コーディネーター）

98

PHILOSOPHY FOR SURVIVORS

100

13年、秋。ミスタータイガース、掛布雅之が指導者として帰ってきた。引退以来、25年ぶりにタテジマのユニフォームをまとった掛布は、選手たちと初めて顔を合わせたとき、右の言葉を口にした。オレは自分に甘えなかった。結果が出ないときも言い訳を探したりはしなかった。オマエたちはどうだ？　そんな気持ちだったのだろう。

掛布はプロ入りの時から苦労していた。甲子園の出場経験はあるが、身長170㎝。いまの20代男性の平均身長より低い選手に声をかけたチームはなかった。高校野球の指導者だった父親のコネで阪神のテストを受けて、ドラフト6位でなんとか入団した。

「僕は選ばれて球団に入った人間とは違う。テスト生でしたから、早く追いつきたいという気持ちだけでした」

その一心で能力を磨きあげ、ホームラン王に3度も輝いた男。その掛布の目に、恵まれた体格と野球センスを持ちながら、なかなか結果を出せない阪神の選手たちはどう映ったのか。

「僕以上の可能性をみんなが持っている」

指導者として初めての一日が終わった後、掛布はこう口にした。

みんなが掛布のようなホームラン王になれるわけはない。それでも指導者が選手を信じなければ、何も生まれないのだ。人は磨けば光る。掛布は自分の経験を通じて、そのことを知っている。

俺たちは上を目指す。
その力はある。
恐れることは何もない。
絶対やろう。
やってやろう。

ラモス瑠偉
(Jリーグ FC岐阜 監督)

20歳のとき、サッカーで生きていくため地球の裏側から来た男から見ると、J2の最下位あたりをウロウロしているFC岐阜の選手は甘すぎる集団に見えたのだろう。

「もっとプロ意識を持ってもらいたい」

ラモス瑠偉は監督就任会見でそう宣言した。言葉だけではない。組織に新しい風を吹き込んだ。元日本代表の川口能活や三都主アレサンドロなど、30代の選手を7人も獲得したのだ。残された時間の少ない男たちが、自分の居場所を確保するため必死にプレーする姿を見せることで、ラモスは若い選手の意識を変えようとしていた。

練習では最初から最後まで目を光らせる。

「見てるぞ、見てるぞ。俺、見てるぞ。みんな見てるぞ」

アピールのチャンスは常にあるのだ。プロなら自分でチャンスをつかめ。チャンスはいつでも転がっているのだ。同時にこうも言う。

「一回か二回はチャンスを与える。三回目はない」

与えられたチャンスを生かすことができない選手はピッチを去るしかない。それがプロの世界だ。

革命、起こしてみ。

野村克也
（東北楽天ゴールデンイーグルス 監督）

100

PHILOSOPHY FOR SURVIVORS

100

今までにないアイデアが浮かんだとする。あなただったら明日、会社に行って同僚に「革命を起こしましょう」と言えますか？

野村が阪神から南海に移籍してきた江夏豊をリリーフに転向させた話はあまりに有名だが、大袈裟とも思える「革命」という言葉を持ち出さなければ日本の野球の進歩はもっと遅れていたはずだ。当初、野村から提案を受けた江夏はリリーフになることを嫌がった。野村の説得は1ヶ月にも及んだという。それでも首を縦に振らなかった江夏を陥落させたのが、「これからはプロ野球も変わる。先発、中継ぎ、クローザーとシステム化される。リリーフの分野で革命を起こしてみろ」との言葉だった。自尊心をくすぐられた江夏が「革命か」と言って話に乗ってきたときのことを野村は嬉しそうに述懐し、「革命って言葉にしびれちゃって承諾したんです」と、してやったりの表情を浮かべた。

人の心を動かすのは簡単なことではない。しかし言葉には、その力がある。相手と、時と場合を的確に見極めることができれば、テコでも動かなかったものがあっさりと動き出す。そんなこともあるのだ。

ピッチャーの分業制はもはや常識である。今となっては「革命」という言葉を使ったことに違和感を覚える人はいないだろう。**新しいことをスタートさせる、何かを思い切って変える。そんなときには少々、大胆な言葉を使うのも1つの手段である。**

「バース・デイ」「プロ野球戦力外通告」スタッフ

プロデューサー　後藤隆二
鈴木栄蔵
大久保徳宏
飯田晃嘉
畠山　涉

総合演出　小杉康夫

演出　工藤　涉
前田啓二郎
川上浩史
根本教彦

総合構成　古井知克

構成　谷田彰吾

ディレクター　田崎真洋
藪原涼介
宮本清彦
尾﨑啓一郎
斎藤雅美

AP　佐藤江美

AD　山本浩孝
安田裕紀
小池元太
黄倉良太
杉山　翼
三國陽平
藤原洋祐
大島史子

デスク　杉川詠美

リサーチ　R·ing

編成　白石徹太郎
竹内敦史

制作プロデューサー　樽　秀人
海本　泰

企画・初代プロデューサー　菊野浩樹

セレブレーター・語り　東山紀之

書籍化スタッフ

企画・統括　津川晋一

執筆　今田正樹
鷲崎文彦
藤田晴彦

編集補　松田裕司
重松理恵

制作協力　小山内俊一
寺川秋花
高森博子
中島奈海

デザイン　デザイン事務所カンカク

特別協力　TBSテレビ　メディアビジネス局　ライセンス事業部

人はなぜ挑み続けるのか?

逆境を乗り越えるための哲学100　TBS「バース・デイ」オフィシャルブック

2015年12月25日 第1刷発行

編　者　TBS「バース・デイ」「プロ野球戦力外通告」取材班

発行者　津川晋一

発　行　ミライカナイブックス
〒104-0052 東京都中央区月島1-5-1-4307
URL：www.miraikanai.com
Mail：info@miraikanai.com
TEL 03-6326-6113 FAX 03-6369-4350
印刷・製本　シナノ書籍印刷株式会社

検印廃止